Staats- und sozialwissenschaftliche Forschungen

herausgegeben

von

Gustav Schmoller und **Max Sering.**

Heft 139.

Fritz Haneld, Das Englische Gewerkvereinsrecht nach 1870.

Leipzig.
Verlag von Duncker & Humblot.
1909.

Das Englische Gewerkvereinsrecht nach 1870.

Von

Fritz Haneld.

Leipzig.
Verlag von Duncker & Humblot.
1909.

Inhaltsangabe.

Vorbemerkungen zur Literatur.

Das englische Gewerkvereinsrecht nach 1870 ist bisher noch nirgends zum Gegenstand einer wissenschaftlichen Untersuchung gemacht worden. Auch in England fehlt es bis heute an einer diesbezüglichen Abhandlung; nur Assinder und Pennant geben auf zusammen 150 Seiten in zwei kleinen Büchlein (Taschenformat): „The Legal Position of Trade Unions“ und „Trade Unions and the Law“ eine gedrängte Übersicht der einzelnen Streitfragen und Streitfälle, sind aber ohne näheres Studium theoretischer Werke des englischen Rechtes (wie Stephen: History of the Criminal Law of England III. Vol. und Wright: Law of Criminal Conspiracies a. s. o.) nicht verständlich. Beide Schriften, vor allem die letztere, lassen die meisten Fragen unbeantwortet und begnügen sich mit einer Aufzählung richterlicher Entscheidungen, suchen keine Erklärung des Rechtszustandes auf Grund des historischen Werdeganges zu geben, lassen nicht wie in nachfolgender Behandlung eine Trennung der Streitfragen eintreten und sind daher zu endlosen Wiederholungen genötigt, schließen zudem mit dem Taff Vale Streit von 1901 ihre Schilderung ab, ohne also das heute maßgebende Gesetz, die Trade Disputes Bill 1906, in den Kreis ihrer Betrachtungen zu ziehen. Die neuerdings von Henry Ruegg und Herman Cohen veröffentlichte Broschüre: The Present and Future of Trade Unions, sucht zwar letzterem Mangel abzuhelfen, vermeidet es aber, auf eine Interpretation der Bill von 1906 einzugehen, sowie die allgemeinen volkswirtschaftlichen Konsequenzen der neuen Rechtslage zu ziehen. Als ausgezeichnet in seiner Art dagegen muß das 1907 erschienene sog. Textbuch über das englische Gewerkvereinsrecht von Jevons gelten, ein für Gewerkvereinsbeamte unentbehrliches Nachschlagebüchlein, aber auch das nur allein. Das deutsche Werk von Bärnreither: „Die englischen Arbeiterverbände und ihr Recht“ (1886) kommt nicht in Betracht, da der Autor sich auf Friendly Societies beschränkt. Der Titel des Werkes hat wenig Berechtigung.

Verfasser vorliegender Abhandlung hat ausschließlich engliche Quellen verwendet und sein Material in erster Linie den seit 1868 bis zur Gegenwart periodisch erschienenen Zeitschriften und Zeitungen, den Entscheidungen der Gerichtshöfe (Cohen and Howell, Trade Union Law and Cases), den Debatten in beiden Häusern des Parlamentes für die Sessionen 1869—71, 1873—76, 1894—95, 1903—06, sowie den Berichten der Königlichen Untersuchungskommissionen für die Jahre 1867—69, 1875, 1894 und 1906 entnommen, mit Einschluß der sogenannten Minutes of Evidence, Zeugenvernehmungen. (Durchschnittlich 5000 oft in Form einer Rede gehaltene Fragen und Antworten.) Die Darlegung des Rechtszustandes seit 1906 beruht lediglich auf dem Studium der Parlamentsverhandlungen von 1903—06 in Hansard's Parliamentary Debates. Die Untersuchung führt in ihrem Resultat zu einer Ablehnung der von und seit Brentano vertretenen Anschauungen über die Bedeutung und Wirksamkeit der Kombinations- und Gewerkvereinsgesetze von 1824, 1871 und 1875.

Der Verfasser.

Einleitung.

Die historische Entstehung und Entwicklung der Probleme des englischen Gewerkvereinsrechtes von 1824—1875.

Literatur.

Allgemeine.

1. M. Low, A short history of labor legislation in Great Britain (in: Bulletin of the Department of Labor). Washington 1907.
2. Sidney and Beatrice Webb, History of Trade Unionism. Industrial Democracy.
3. George Howell, Labour Legislation, Labour Movements and Labour Leaders. Vol. I, II. London 1905.
4. The Parliamentary Debates of the United Kingdom of Great Britain and Ireland (Hansard's Parliamentary Debates. Session 1870/71. 1875).
5. Richard Bell, Trade Unionism (The Social Problems Series.) London 1907.
6. R. B. Sparkes, Legal Notes on Trade Unions and the Trade Disputes Bill. London 1907.

Einzelne Fragen.

1. Henry Dyer, The Evolution of Industry. London 1895.

Zeitschriften und Zeitungen.

I. The Contemporary Review. London.

1. George Potter, The Trade Societies of England, from the Workman's Point of View. June 1870.
2. Frederic Harrison, The Progress of Labour. Oktober 1883.
3. George Howell, Trades Unions, Apprentices and Technical Education. Oktober 1877. Vol. XXX.
4. George Howell, The work of Trade Unions. September 1883.
5. Haldane, The Labourer and The Law. March 1903.

II. The Fortnightly Review. London.

1. Henry Crompton, The Workmen's Victory. 1875.
2. Hunter, Mr. Cross's Labour Bills. 1875.

III. The Saturday Review. London.

1. January 18, 1868. Mr. Gladstone and Trades' Unionism.
2. February 29, 1868. The Trades' Union Deputation To Mr. Gladstone.
3. Oktober 24, 1868. Trade-Unionist Legislation.
4. April 3, 1869. Report of the Commission on Trade Unions No. I.

5. April 10, 1869. Report of the Commission on Trade Unions No. II.
6. September 4, 1869. The Trade-Unions Congress (Birmingham).
7. May 13, 1871. Hap-Hazard Legislation.
8. January 13, 1872. The Trade-Unionists' Congress.
9. January 17, 1874. The Trade-Unionist Congress.
10. July 31, 1875. The Labour Laws.
11. Oktober 16, 1875. The Working-Man's Point of View.
12. April 1, 1876. The Working-Man as he is.

Der Widerruf der Combination Laws[1] vom Jahre 1824 bildet den Wendepunkt in der Geschichte der englischen Arbeiterklasse und den Ausgangspunkt ihres Gewerkvereinsrechtes. Hartnäckig, ausdauernd und energisch verfolgen die Arbeiter von da an in kraftvoll sich entwickelnden Assoziationen, oft bewundernswert geleitet von geschickten, geistig hervorragenden und politisch geschulten Führern ihr hohes Ziel. —

Lange niedergehalten, nicht wegen ihrer tatsächlichen, sondern wegen ihrer bei ungehemmter Entwicklung voraussichtlichen Machtentfaltung und Gefahr für Regierung und Kapital, unterstanden sie nunmehr der rechtlichen Herrschaft des Common Law, ein Erfolg, der — in seinen Ursachen ausgehend von der gewaltig emporstrebenden kapitalistischen Wirtschaftsweise mit ihrem Fabriksystem, ihren Maschinen, der Beseitigung des patriarchalischen Konnexes von Meister, Gesellen und Arbeiter und dem dadurch anders gerichteten, meist unmöglich gemachten Streben derselben nach sozialer Position, mit dem entstehenden Interessenkonflikt zweier Gesellschaftsklassen, mit den durch Beschäftigung von Frauen und Kindern erzeugten gewaltigen sozialen Umwälzungen und Mißständen — doch wesentlich beruhte auf einer Stimmungsänderung der öffentlichen Meinung über Recht und Gerechtigkeit, auf Mitleid und Furcht vor unterdrückten handarbeitenden Klassen im Zeitalter der Revolution[2]. Und trotz alledem ein viel zu kleines Geschenk, das Geschenk einer kurzsichtigen und rückständigen Politik.

Die grausamen Mißstände, zumal in dem Eldorado der modernen Unionsbildung, der Textilindustrie, das wachsende Solidaritätsgefühl, die zunehmende Differenzierung der Berufe stärkten den Mut und das Selbstbewußtsein der Arbeiter. Das Gesetz zur Anerkennung ihrer Vereine hatten sie sich erzwungen, jetzt galt es daher, weiter einzutreten für höhere Löhne, kürzere Arbeitsstunden, Schutz von Leben und Gesundheit, kurz, für bessere Arbeitsbedingungen, und alles dies zu

---

[1] G. Howell, Labour Legislation. Vol. I, p. 22—27, 30—37.

[2] Vgl. H. Dyer, The Evolution of Industry; desgl. Howell, Vol. I, p. 84.

erreichen durch gemeinsames, geschlossenes Handeln, durch Widerstand im Streik. Doch umsonst! — Das Recht des Common Law war für den Arbeiter belanglos. Die Kombination als solche erkannte es zwar der Theorie nach an, aber ihre praktischen Konsequenzen, die Willensbeschränkung jedes einzelnen Mitgliedes, frei über die Verwendung seiner Arbeitskraft zu disponieren, die unterdrückte es als strafbaren Verstoß gegen die Gewerbefreiheit (Restraint of Trade). — Wieder wurde „Selbsthilfe" die Devise des englischen Arbeiterstandes, wieder wurde gekämpft, ein günstiges Gesetz zu erringen, viel mehr als früher auf dem Gebiete der Politik, wenn auch anfangs mit wenig Erfolg. Denn selbst die Parlamentsreform von 1832, welche den Mittelklassen die politische Macht übertrug, stand mit ihren vorherrschenden Gefühlen im Hause der Commons auf seiten des Unternehmertums. Und in der Tat, kein Vorwurf kann ihnen daraus gemacht werden. Ein gewaltiger Gärungsprozeß durchzog in jener Zeit das Gewerkvereinswesen. Die erleichterte Koalitionsfreiheit hatte eine Fülle von Vereinen hervorgezaubert; an allen Enden des Landes, bei Männern wie bei Frauen, in Landwirtschaft, Industrie und Handel trat eine Art Assoziationsepidemie auf. Heute geschaffen, fielen diese Gebilde morgen wieder auseinander; ohne Elemente der Stabilität zu entwickeln, trieben sie zur Beunruhigung der übrigen Gesellschaftsklassen in eine aggressive Politik hinein. Nur einigen wenigen, wie der Amalgamated Society of Engineers, ist es gelungen, sich die Grundlagen dauernden Bestandes zu schaffen. Wie Pilze aus der Erde geschossen, konnten und wollten diese Unionen von kurzer Lebensdauer kein anderes Ziel verfolgen, als mit allen erlaubten und unerlaubten Mitteln einen kurzen und aufreibenden, meist noch erfolglosen, aber wertvollen, weil erzieherisch wirkenden Kampf gegen das Kapital zu führen. Sie waren es daher, welche die Probleme des Gewerkvereinsrechtes über Streikpostenstehen, Einschüchterung, Belästigung, Zwang, Gewalttat, Beschränkung der Gewerbefreiheit, Überredung zu Streik und Kontraktbruch, Kombination und Konspiration gebaren, und sie waren es, welche durch die rohe Anwendung derselben — was konnten sie, die Rechtlosen und Unterdrückten denn verlieren — die anderen Bevölkerungskreise mit Angst and Entsetzen erfüllten und so die Politik der Gesetzgeber, die sich jene Erfahrungen immer wieder ins Gedächtnis zurückriefen, zu ihren Ungunsten beeinflußten.

Für jene Vereine dagegen, welche, wie der obengenannte, ihren Kampfeseifer mäßigten, spielten die genannten Probleme überhaupt keine oder doch keine große Rolle. Ein innerlicher Prozeß der Konsolidierung, die Begründung und Ansammlung von Fonds zu Unterstützungszwecken, gab ihnen das Gepräge; und nachdem die unerbittliche Strenge des Gesetzgebers weitere

Versuche einer organisierten Empörung als nutzlos erwiesen hatte [1], übernahmen sie die Führung in ein wenig betretenes Gebiet, unbekannten Gefahren entgegen.

Volle dreißig Jahre dauerte diese Stagnation im Wachstum des englischen Gewerkvereinsrechtes; da wird sie jäh gestört. Im Jahre 1865 stiehlt der Schatzmeister einer Trade Union in Bradford Gelder der Sozietät, aber kein Gericht des Vereinigten Königreiches nimmt die Klage einer für ungesetzliche Zwecke begründeten Assoziation an. — Der Übeltäter blieb unbestraft, und ein neues wichtiges Problem des Gewerkvereinsrechtes, vielleicht das wichtigste, der Fondsschutz, war aktuell geworden. Dieberei und Betrug schienen gesetzlich sanktioniert zu werden, die Arbeiterverbände außerhalb des Rechts zu stehen. Und dennoch, — ein Glück, daß es so kam. Der Unionismus raffte sich wieder auf; an praktischen Erfahrungen durch blutigen Kampf und friedliches Wirken reich und geläutert, gewann er die Kraft, aus einer Fülle wirrer, sich widersprechender Forderungen eine einzige herauszuschälen und klar zu bestimmen, leider auch hier noch kurzsichtig genug. Es erweckt das Gefühl, als ob der Unionismus jener Tage sich selbst vor dem Bewußtsein und dem Eingeständnis seiner schwachen und morschen gesetzlichen Grundlage durch Aufdeckung all der ihn umlauernden Gefahren gefürchtet hat. Wer weiß, ob er überhaupt die Energie gezeigt hätte, einen erfolgreichen Druck auf die gesetzgeberischen Kreise auszuüben, wären nicht politische Geschenke, wie die Gewährung des Wahlrechtes an die städtischen Arbeiter im Jahre 1867 und andere Zufallsmomente (vgl. Kap. IV, Recorder's Act. 1868) unterstützend hinzugetreten. Daß man vergaß, das Problem des Fondsschutzes als ein solches zu betrachten, mit dem die erstgenannten als die Haupttriebkräfte der Wirksamkeit des Trade Unionismus fallen oder stehen mußten, sollte man nach weiteren dreißig Jahren, 1901, schwer empfinden und bereuen. Ein Beamter hatte den Verein bestohlen, ein Gesetz muß das verhindern — damit war das Probem des Fondsschutzes vorläufig erledigt; andere Kombinationen und Komplikationen kannte man augenscheinlich noch nicht. —

Immerhin ist nicht zu verkennen, daß die leitenden Unionsmänner jener Zeit ihre ganze Kraft ungeteilt der Aufgabe zuwandten, aus dem durch die 67er Reform gesteigerten politischen Einfluß heraus, die Regierung von der Notwendigkeit einer gleichzeitigen Reform des Koalitionsrechtes zu überzeugen

[1] Im Jahre 1836 begann der Chartismus sein Haupt wieder zu erheben; die von ihm mit den Gewerkvereinen erstrebte Einignng kam nicht zustande, und nur einige wenige Unionen schlossen sich zu einer Chartist Association zusammen, was indes die öffentliche Meinung nicht hinderte, noch jahrelang Unionismus mit Chartismus zu identifizieren.

und den ersten Anstoß zur Ernennung einer Königlichen Untersuchungskommission zu geben, welche als „Royal Commission Appointed To Inquire Into The Organisation And Rules of Trade Unions And Other Associations“ von 1867 bis 1869 tagte [1]. Laut verkündet sie in ihrem Minoritätsbericht, auf dessen Grundlagen sich später das Gewerkvereinsgesetz von 1871 stützen sollte, als Ergebnis ihrer Untersuchungen die Beseitigung der alten Theorie von den Arbeitgebern als der herrschenden Klasse und findet dafür einen Ersatz, welcher entspringt: „aus dem Gefühl der Gleichheit, des erleuchteten Selbstinteresses und der gegenseitigen Nachsicht, welche bestehen sollen zwischen den kontrahierenden Parteien, die am besten ihre verschiedenen Vorteilschancen fördern können durch gegenseitige Hilfe und Anpassung“. Sie empfiehlt weiter die Legalisierung der Arbeiterkombinationen, will ihnen größere Vertragsfreiheit einräumen, schlägt eine Trennung der Fonds für Kampf- und wohltätige Zwecke vor und berührt flüchtig zum ersten Male das Thema von der Haftbarkeit der Union für unrechte Handlungen ihrer Agenten. —

Dem Bericht der Minorität steht gegenüber der der Majorität, ein wirres, zusammenhangloses Bild, eine Kompilation von widerspruchsvollen Darlegungen einzelner Kommissionsmitglieder. Dinge, die einem Erle, Roebuck und Merinacle zweifelhaft und fragwürdig erscheinen, sind einem Hughes und Harrison so klar wie das Sonnenlicht, Lichfield sagt zu allem ja und Amen, ohne Argumente vorzubringen, und die übrigen ergehen sich in Ausführungen, die das Gebiet der Moral, Ethik und Gerechtigkeit keinen Fußbreit verlassen. Teils optimistisch, überwiegend jedoch pessimistisch und kritisch betrachten sie die Politik der Gewerkvereine mit bezug auf die Beschränkung der Lehrlingszahl, Frauen- und Akkordarbeit, verurteilen sie, den Charakter der Arbeiter in ihrem Benehmen gegen den Unternehmer beeinträchtigt, das gegenseitige Vertrauen gestört, einen Geist des Antagonismus und der Eifersucht geschaffen, die Unabhängigkeit der Arbeiter in eine drückende Abhängigkeit von der Union verwandelt, den Ehrgeiz nach hervorragender Arbeitsleistung ausgelöscht zu haben. —

Die günstige Beurteilung der Gewerkvereine im Minoritätsbericht war nicht zum wenigsten der Tatsache zu verdanken, daß zum ersten Male hervorragende Arbeitervertreter in die Kommission gewählt worden waren und damit den sich doch noch sehr skeptisch verhaltenden Mittelklassen wie der vernichtenden Kritik der Presse ein Gegengewicht, eine Ausgleichsinstanz geboten werden konnte. Flammende Artikel gegen die Anmaßungen des Unionismus füllten die Spalten

[1] G. Howell, Labour Legislation. Vol. I, p. 161—65.

der bedeutendsten Blätter, in erster Linie ihr Angriffsmaterial hernehmend aus einem Majoritätsbeschluß der Gewerkvereine vom Jahre 1865, eine Bill des Sir Fowell Buxton zu unterstützen, welche mit ihren Strafbestimmungen von 5—14 Jahren Gefängnis für Fondsdiebstahl, dagegen nur mit einer solchen von 3 Monaten für persönliche Gewalttat im Streik, mit ihrer Legalisierung des Streikpostenstehens in jeder Form und der gesetzlichen Erzwingbarkeit der Unionsregeln vergessen zu haben schien, daß der Rest der Menschheit auch noch Rechte und Interessen hat; und als dazu der Kongreß in Birmingham 1869 [1] diese Forderungen weiter steigerte, die Schreckenstaten der Gewerkler in Manchester und Sheffield enthüllt wurden, da brach die Entrüstung allenthalben aus, geschürt von einer sensationellen Literatur [2], welche die Phantasie der Leser durch die grausigsten Schilderungen aufs höchste erregte. Die Gewerkvereine beklagten sich früher — so war der allgemeine Gedankengang — über ihre rechtlose Stellung und Schutzlosigkeit ihrer Fonds. Ihre Klagen wurden erhört, ihre Fonds geschützt gegen die Unehrlichkeit der eigenen Beamten. (Recorder's Act 1868 und Trades Unions Funds Protection Act 1869.) Damit nicht zufrieden, wollen sie vom Staate geschützt und legalisiert werden, ihm gegenüber aber keinerlei Verpflichtungen und Verantwortlichkeit übernehmen, sie verlangen Privilegien, die keiner gesetzlichen Assoziation zustehen. Die Forderung nach völligem Widerruf der Kombinationsgesetze hieße den Trade Unions-Komitees die Macht geben, über die Vereinsgelder nach Belieben zu verfügen, die Mitglieder zu organisieren, um Arbeitgeber und Nichtunierte zu terrorisieren, hieße jegliche Autorität verspotten, die Menschen betrügen und durch ein gigantisches Einschüchterungssystem, durch eine unverantwortliche, unkontrollierte Macht gegenüber dem Kapital Furcht über das ganze Land verbreiten. — Die Wenigen, welche die Ziele der Unionen noch wohlwollend gebilligt hatten, wurden schließlich durch die Vorgänge in Manchester und Sheffield auch in ihrem Urteil schwankend, so daß tatsächlich der einzige Weg, solchen Greueln zu begegnen, in der Unterdrückung der Trade Unions und Neueinführung der alten Combination Laws mit verschärften Bestimmungen zu liegen schien. Tadel und Schimpf erntete die

[1] Vgl. The Saturday Review, 24. Oktober und 4. September 1869.

[2] Sehr gelesene Schilderungen waren die des Mr. Charles Reade und Disraeli, welch letzerer ein schauerliches Bild von den Aufnahmefeierlichkeiten eines neuen Mitgliedes in den Gewerkverein gibt: Ein hohes und geräumiges Zimmer, drapiert mit schwarzem Tuch. Erleuchtet durch Kerzen, zwischen Skeletten Männer mit Streitäxten, maskierte Figuren in weißen Gewändern mit Fackeln in der Hand. Hier muß der Novize einen heiligen Eid ablegen, alles zu tun, was die Sozietät von ihm verlangt, Bestrafung und Ermordung tyrannischer Meister. Zerstörung von Fabriken usw. usw.

kleine Zahl jener unerschrockenen Männer, welche trotzalledem in und außerhalb des Parlamentes für eine Änderung des Gesetzes eintrat. „Sie müßten am nächsten Laternenpfahl gehenkt werden" hörte Howell einen Gentleman sagen, „die Unionen müssen mit Stumpf und Stiel als ein öffentliches Ärgernis ausgerottet werden" schrieb zur selben Zeit ein angesehenes Londoner Tageblatt (The Daily News). Fieberangst erfüllte die aktivsten Führer und Förderer der Unionsbewegung. Die Frucht jahrzehntelangen, mühevollen Kampfes drohte unter dem düsteren Himmel von Manchester und Sheffield nicht zur Reife zu gelangen; und erst als die Untersuchung die Begrenzung der Gewalttaten auf die beiden Städte erwies, atmeten sie erleichtert auf. Sonderbare Verhältnisse müssen ohne Zweifel hier vorgelegen haben. Denn bei der feindlichen Stellungnahme der öffentlichen Meinung wäre sicherlich jede belastende Aussage irgend eines bestraften, aus der Union vertriebenen usw. Mitgliedes als willkommene Waffe von ihr aufgegriffen worden, die Tyrannei der Gewerkvereine zu beweisen, und doch ist kein Beispiel dieser Art bekannt.

Indessen waren mit der nun bald eintretenden Beruhigung der Gemüter die Gefahren, vor denen das geplante Gesetz leicht scheitern konnte, nicht gänzlich beseitigt. Eine Kontroverse zwischen zwei Trägern berühmter Namen, welche infolge der außerhalb des Parlamentes von Vertretern der Regierung und Arbeiterschaft gepflegten Verhandlungen ausbrach, war sehr geeignet, den Gesetzgeber von neuem gegen die Trade Unions einzunehmen[1]. Gladstone, der sich bereit erklärt hatte, eine Deputation der Gewerkvereine zu empfangen, um sich ihre Wünsche und Beschwerden persönlich vortragen zu lassen, kam dadurch in die gefährliche Lage, seine Stellungnahme zu den schwebenden Problemen zu charakterisieren. Es erging ihm dabei notwendigerweise ebenso wie später Disraeli, d. h. um nicht in völligen Gegensatz zur Überzeugung eines großen Prozentsatzes der Bevölkerung und zu dem praktisch wohltätigen Wirken der Gewerkvereinsbewegung zu treten, mußte er gegen seine eigenen ökonomischen Theorien verstoßen. Ja, bei einem Vergleich der zu verschiedenen Gelegenheiten getanen Äußerungen wird es klar, daß beide Männer nicht eigentlich recht wußten, wie sie sich zu diesen Problemen zu stellen hatten. Ihre Kraft und Fähigkeiten lagen eben auf einem anderen Gebiete als dem der Sozialpolitik. Der Einfluß und die Bedeutung der politischen Parteiherrschaft auf wie für das englische Gewerkvereinsrecht steht sehr in Frage[2]. Liberale und Konservative sind gleich ver-

[1] Vgl. vorn die entsprechenden Angaben der Saturday Review.

[2] Vgl. Harrison, The Progress of Labour; Haldane, The Labourer and the Law, sowie die fortlaufende Literatur der Fort-

teilt in den Reihen seiner Freunde und Feinde. Die bedeutendsten Führer des Unionismus denken garnicht daran, diese großen Organisationen zu einer rein politischen Funktion herabzudrücken. Die Tendenz der Masse der Gewerkschaftler geht allerdings auf eine liberale Politik, aber niemals auf ein williges Werkzeug der liberalen Partei. Viele ihrer besten parlamentarischen Freunde sind konservative Staatsmänner gewesen. Das Gesetz von 1871 wird bezeichnet als ein Sieg der Liberalen, das von 1875 (Conspiracy and Protection of Property Act) als ein Sieg der Konservativen. Den Gesetzen selbst sieht man es jedenfalls nicht an, welchem Geist sie entsprungen sind; und wenn man das jüngste Gewerkvereinsgesetz von 1906 (Trade Disputes Bill) auch der liberalen Partei anhängt, so fragt sich immer, wieviel wirklich auf ihr eigenes Konto fällt, wie stark der Einschlag jenes Tohuwabohu von Independent Labour Party, Fabian Society und anderen zahllosen „sozialdemokratischen" (der Ausdruck will keinerlei Anspruch auf Genauigkeit machen) Nüancierungen gewesen ist. Es läßt doch mancher interessanten Frage Raum, wenn man, wie der Schreiber dieser Zeilen, die Trade Disputes Bill 1906 nur als eine Wiedereinsetzung der Gewerkvereine in die ihnen durch den Taff Vale Streit 1901 entzogenen Rechte ansieht, man also mit anderen Worten sieht, wie ein sogenanntes liberales Ministerium eine Akte erläßt, um die von einer konservativen Regierung 1875 getroffenen Maßnahmen aufrecht zu erhalten und zu stärken. Die Politik dient dem Trade Unionismus am vorteilhaftesten dann "when a Conservative Government brings in a favourable measure, and when a Liberal Opposition tries to improve it."[1] Disraeli und seine Partei waren es, welche 1867 die Frage des Gewerkvereinsrechtes zuerst erhoben. Gladstone war es, der 1871 das erste Gesetz zugunsten der Arbeiterverbände unterzeichnete; es war die Regierung eines Lord Beaconsfield und eines Sir H. Cross, welche 1875 das Konspirationsgesetz erließ. Arbeiterfragen können und brauchen nicht auf enge Parteigrenzen reduziert zu werden, um zu Gesetzen zu führen, von denen 1883 ein Frederic Harrison sagen durfte: „Ich zögere nicht, zu gestehen, daß die Arbeitergesetze im Laufe der letzten zwölf Jahre allein einen Gesetzeskörper zum Wohle der arbeitenden Klassen dieses Landes bilden, wie ihn kein anderes Kulturland der Welt aufweisen kann!"[2]

Konnte Gladstone nicht umhin, den Zusammenschluß der Arbeiter zu gemeinsamem Handeln, die ökonomische Recht-

---

nightly Review, insbesondere 1906/7 über die Vertretung der Arbeiter im Parlameut und das Parteileben. 4. Bd.

[1] Vgl. Crompton, The Workmen's Victory.

[2] Vgl. sein Progreß of Labour.

fertigung der Streiks u. a. m. anzuerkennen, so verdammte er nichtsdestoweniger alle anderen gegen die Gewerbefreiheit verstoßenden Praktiken der Unionen, unter denen man in seinen Tagen vor allem ihren Widerstand gegen die Akkordarbeit begriff, als Eingriff in die Macht der Vorsehung, welche verschiedene Menschen mit verschiedenen Fähigkeiten geschaffen habe, als Verrat gegen die Naturgesetze bei einer künstlichen und erzwungenen Gleichheit, als politische Unklugheit und Kurzsichtigkeit mit Rücksicht auf den allgemeinen Arbeitsfonds usw. usw. Brachte er auch damit keinerlei neue Gesichtspunkte oder stichhaltigen Gründe, sondern lediglich die allbekannten, geläufigen Argumente vor, so genügte das für einen Arbeiterführer wie George Potter, um darin drohende Gefahren und versteckte Angriffe zu argwöhnen. Trotz seiner anerkennenswerten Fähigkeiten und Leistungen für die englische Gewerkvereinsbewegung war Potter ein Hitzkopf und Schwärmer zugleich, der nur zu schnell in Emphase geriet und manche bös eingebrockte Suppe allein auslöffeln mußte [1]. Er griff Gladstone in einem Zirkular, das er später wieder zurückzog, äußerst scharf an und stellte nach dem damals kursierenden Reime:

Eight hours' work, and eight hours' play,
Eight hours' sleep, and eight shillings a-day.

eine Trade Union-Definition auf, welche die Parteigenossen Gladstone's und das ihm nachbetende Spießbürgertum entsetzte. „Utopie" und „Narrenparadies", so glaubte man das Bestreben, die Arbeitsstunden unter gleichzeitiger Erhöhung der Löhne zu verkürzen, bezeichnen zu müssen. Indessen war man an das zeitweilige Durchgehen des Potterschen Redestromes zu gewöhnt, um seine jüngsten Äußerungen anders als von der komischen Seite aufznehmen oder ihm aus seinen inhaltlosen Phrasen irgend welchen Vorwurf zu machen; verfolgte er doch darin lediglich die Politik seiner Gegner und diente ihnen mit denselben Waffen. Höchst bedenkliche und gefährliche Folgen konnte dagegen seine unselige Verteidigungsrede über die Gegnerschaft der Unionen zur Akkordarbeit und zu Überstunden zeitigen, die bei jedem mit dem Wesen und den Zielen der Gewerkvereine weniger Vertrauten die Annahme erwecken mußte, Hauptprinzip derselben sei. die Arbeitsleistung auf eine geistlose Monotonie und Mittelmäßigkeit niederzuhalten. Wenn der ganze Streit trotz alledem ohne nachteiligen Einfluß auf das Gesetz von 1871 blieb, so lag das einerseits daran, daß Potter und sein Organ, die Beehive-Zeitung, nur die Wortführer eines geringen Prozentsatzes der Unierten waren, denen gemäßigter, wenn nicht direkt gegnerisch,

---

[1] Literatur der Saturday Review. Howell, Labour Legislation etc. Vol. I, p. 80—92.

die große Zahl der Maschinenbaugewerbe mit ihren geschulten, intelligenten Arbeitern unter Applegarth und Allen gegenüberstanden und, wie die Kesselmacher, dem Wirken Potters mit offener Feindseligkeit begegneten. Anderseits an der chevaleresken Haltung Gladstones, welcher, selbst als der englische Lassalle unter Androhung von Gewalt Übertragung der weitestgehenden Machtbefugnisse an die Unionen forderte, picketing und rattening für berechtigt erklärte, das große Ganze bei diesen verschiedentlichen Reibereien nicht aus den Augen verlor, sondern unbeirrt das gesteckte Ziel verfolgte[1]. Der Unionismus hatte sich mal gründlich lächerlich gemacht. —

So war das Jahr 1871 herangerückt und mit ihm der Zeitpunkt der Debatten in beiden Häusern[2]. Viel attisch Salz wurde hier nicht verbraucht; endlose Wiederholungen, Wortspielerei, Effekthascherei durch ethische Betrachtungen, Neuredaktion des Kommissionsberichtes von 1867—69 — das ist ihre Charakteristik. Die erforderlichen, wesentlichen Vorarbeiten waren bereits erledigt außerhalb des Parlamentes, es brauchte nur noch ja oder nein zu sagen. Das einzig neue Moment, das etwas Leben in die Verhandlungen brachte, lag in der Scheidung der ursprünglichen Bill in zwei Sondergesetze, indem man alle auf Arbeitsstreitigkeiten bezugnehmenden Strafbestimmungen aus der eigentlichen Trades Unions Act entfernte und in der Criminal Law Amendment Act vom selben Jahre vereinte. Zu dieser Maßnahme hatte sich der damalige Minister des Innern, Bruce, unter einem moralischen Druck des Gewerkvereinskongresses in London 1871 verpflichtet gefühlt, um so die vom Gesetzgeber mutmaßlich aufgestellten Voraussetzungen „strafbarer Absichten oder Tendenzen seitens der englischen Arbeiterklasse“ zu beseitigen[3]. Am 29. Juli 1871 erlangte das Gesetz als „An Act to amend the Law relating to Trades Unions“ die königliche Genehmigung mit der grundlegenden section 3: „Die Zwecke einer Trade Union sollen nicht als ungesetzlich gelten, bloß weil sie gegen die Gewerbefreiheit verstoßen .....!“ Daran schließen sich unter Vorbedingung der Registration weitere Bestimmungen zum Schutze der Fonds, die 1876 in der Trades Unions Amendment Act eine Ausdehnung erfuhren.

Jedoch der erwartete Erfolg der neuen Gesetzgebung blieb aus. Einen Fortschritt zugunsten der Arbeiter bedeutete sie ohne Zweifel, aber das Recht insbesondere des Unierten mit bezug auf Streitigkeiten zwischen Arbeitgeber und -nehmer erfuhr Beschränkungen durch die Criminal Law Amendment Act, welche weit über das Maß des unbedingt Notwendigen

[1] The Hansards Parliamentary Debates. Session 1870/71.
[2] Saturday Review: 1868 18th I, 29th II, 24th X.
[3] Howell, Labour Legislation. Vol. I, p. 175—77, 181/82, 186, 190, 208, [2]. Ruegg and Cohen p. 4—6.

gingen und sich durch eine Strenge der Strafen kennzeichneten, die außer aller Proportion zu den Gesetzesübertretungen standen. Mehr denn je fühlten sich die Gewerkvereine den Verfolgungen der durch letztgenannte Akte mit außerordentlichen Machtbefugnissen ausgestatteten Friedensrichter, also überwiegend Interessenten des Kapitals, ausgesetzt. Großer Unwille erhob sich allenthalben in ihren Kreisen und kam zum beredten Ausdruck in einem Memorial des Ministeriums des Innern 1872, in welchem das Criminal Law bezeichnet wird als „gegründet auf die Voraussetzung strafbarer Absichten von seiten jener großen Masse Untertanen Ihrer Majestät, bekannt als Trade-Unionisten“, und dieser Argwohn als „ein Akt der Ungerechtigkeit an den Mitgliedern der Gewerkvereine, verursacht durch eine unvollkommene Kenntnis der Zwecke, Ziele und des Wirkens dieser Sozietäten“! Wie schlecht die Criminal Law Amendment Act 1871 im System der Gewerkvereinsgesetzgebung arbeitete, belegen m. E. am deutlichsten die Anklagen, welche Lord Montague in seiner Rede vom 28. Juni 1875 im Hause der Gemeinen anläßlich der zu gleicher Zeit geführten Verhandlungen über die Employers and Workmen und Conspiracy and Protection of Property Act 1875 erhob und die im Auszug ihrer charakteristischen Vergleiche wegen hier wiedergegeben seien: „Wenn Arbeiter den Zugang der Arbeitsstätte bewachen, um einen Unternehmer zur Entlassung eines bestimmten Mannes oder zur Beseitigung giftiger Stoffe, die er in seinem Geschäft verwendet, zu veranlassen, so machen sie sich nach der Criminal Law Amendment Act strafbar, desgleichen wenn ein Arbeiter einem anderen, der ihm Geld schuldet, Säge und Hammer wegnimmt; und doch gestattet man dem Inhaber einer Kneipe, Eigentumsstücke eines Zahlungsunfähigen einzubehalten. Wenn in Yorkshire ein Mann seine Arbeit einstellt, so machen es ihm die Arbeitgeber innerhalb der nächsten sechs Monate unmöglich, in irgend einer Werkstatt des ganzen Distrikts Aufnahme und Beschäftigung zu finden, sie verbinden sich, um ihn verhungern zu lassen, und trotzdem bleiben sie straflos. Wenn aber die Arbeiter sich zusammenschließen, um ihre Lage zu verbessern, so liegt eine strafbare Verschwörung vor. Um es kurz zu sagen, unser Strafrecht erreicht nicht die Arbeitgeber, sondern drückt nur mit fürchterlicher Gewalt auf den Arbeiter. Beides, picketing und rattening werden von dem Gesetze verboten. Aber rattening ist nichts anderes als eine Art Beschlagnahme von Gütern (Werkzeugen) eines Arbeitenden durch die führende Gesamtheit seiner Mitarbeiter, während picketing lediglich ein Mittel ist, die Arbeitsuchenden von einem ausgebrochenen Streik zu unterrichten, damit sie dort keine Arbeit nehmen und sich nicht Vorteile verscherzen, zu denen sie sonst als Trade Unionisten berechtigt waren. So etwas existiert in jeder Sozietät. Wenn in diesem Hohen Hause die Reporter beeinflußt werden, von einer der Partei mißliebigen Person nichts zu berichten und am andern Tage keine Zeile ihrer Rede in den Zeitungen zu finden ist, — heißt das nicht auch, sie ihrer Werkzeuge berauben? Wir haben in diesem Hause ‚Whips‘ und ‚Finders‘[1]. Die ‚Finders‘ gehen in der Vorhalle umher und passen auf, wie ein Mitglied abstimmt, die ‚Whips‘ stehen an der Tür und erzählen ihm, wie seine Partei bisher abgestimmt hat. Ist das nicht Streikpostenstehen in einer anderen Form. Überredet aber ein Arbeiter einen andern, nicht für einen bestimmten Meister zu arbeiten, dann wird er bestraft usw. usw.“

So war allmählich unter fortgesetzten Verhandlungen und Unterredungen zwischen den leitenden Staatsmännern und Spitzen der Gewerkvereine das Jahr 1873 zur Rüste gegangen, und man bereitete sich vor, alle Mittel und Kräfte aufzubieten, um noch vor Beginn der nahenden Wahlen Zugeständnisse von der liberalen Partei zu erlangen. Deputation folgte auf Deputation, Petition auf Petition, ein Versprechen jagte das andere, ein Wortbruch den anderen. Da schlug am 17. März 1874 die Nachricht von dem Siege der Konservativen mit 56 Sitzen wie ein Blitz ein. Gladstone trat zurück, und Disraeli übernahm die Bildung eines neuen Kabinetts. Dieser Wechsel in der Politik stellte die Arbeiterführer vor neue Fragen und Schwierigkeiten; der schon fertige Feldzugsplan mußte verworfen und genügend Zeit gefunden werden, eine den veränderten Verhältnissen entsprechende Politik einzuschlagen; denn man hielt sich zu der Annahme berechtigt, daß die liberale Opposition jetzt, wo sie weniger Verantwortlichkeit auf sich lud, mehr denn je gegen die Forderungen der Gewerkschaftler ihren Einfluß in Geltung bringen würde. Und da man den Reformbestrebungen des Amtsnachfolgers von Mr. Bruce — Mr. Cross[2] — noch nicht so recht traute, erhob das Komitee des Trade Unions Kongresses, als die Verwirrung aufs höchste gestiegen war, ein großes Angstgeschrei über die Zusammensetzung der neugebildeten Königlichen Untersuchungskommission. Ein flammender Protest, der von Überraschung, Intrigue und Betrug der Regierung redet, ging dem Minister des Innern zu und wiederholte das Schauspiel von Anno 69. In ebenso feiner Weise wie seiner Zeit Gladstone brachte Cross die Schreier durch Aufklärung einiger Mißverständnisse

[1] Die Ausdrücke lassen sich im Deutschen schwer durch ein einzelnes Wort wiedergeben. Als Whips werden solche Mitglieder des Parlamentes oder auch Außenstehende zu bezeichnen sein, welche sich um eine möglichst allgemeine und gleichmäßige Abstimmung bemühen. „Finder“ kann mit „Spürhund“ übersetzt werden.

[2] Vgl. Crompton, The Workmen's Victory. Hunter, Mr. Cross's Labour Bills. Literatur der Saturday Review.

zum Schweigen, so daß selbst George Howell[1] später beschämt ausspricht: „Ich gebe freimütig zu, daß unser Urteil ein Irrtum war, daß es zu hart war, und daß die gebrauchten Ausdrücke nicht gerechtfertigt werden konnten. Aber wir mußten die Dinge von dem damaligen Standpunkt betrachten, der für eine vollkommene Übersicht zu begrenzt war. Sehr Naheliegendes wurde übertrieben. Unser Gesichtskreis war so eng, daß wir den Sinn für Proportionen verloren!" Gegen alles Erwarten wurden die Anstrengungen des konservativen Ministeriums, die Mißstände in der Arbeitergesetzgebung tunlichst zu beseitigen, von den Liberalen kräftig unterstützt, so daß beide Hand in Hand gingen, als die Aufhebung der Criminal Law Amendment Act von 1871 zur Diskussion gestellt wurde. Das Resultat dieser Einigung war die Conspiracy and Protection of Property Act vom Jahre 1875, welche der alten Doktrin: combination = conspiration eine neue Fessel anzulegen versucht, ein gerechtes Prozeßverfahren anstrebt, die Strafbestimmungen mildert und bedacht ist, den Eigentümlichkeiten gewerblicher Streitigkeiten Rechnung zu tragen. Und nachdem in ebendemselben Jahre die Employers and Workmen Act die kontraktlichen Verhältnisse zwischen Arbeitgeber und -nehmer geregelt hatte, schien unter einer beifälligen öffentlichen Meinung Ruhe und Frieden in die Arbeiterbewegung eingekehrt zu sein. Sah man auch nicht alle Wünsche erfüllt, so konnte man doch mit dem jetzigen Zustand zufrieden sein und sich zur Annahme einer Rechtslage für berechtigt halten, welche viele Streikaktionen unter Wegfall persönlicher Gewalttat gestattete, welche die Wirkung der Kombinationsgesetze bei Gewerbestreitigkeiten ausschloß und den Fonds der Unionen einen starken Schutz verlieh, unter dem sie sich mächtig entfalteten und so nach weiteren dreißig Jahren, als der Unionismus des friedlichen Wirkens müde wurde, das letzte und wichtigste Problem des englischen Gewerkvereinsrechtes, die Frage von der Haftbarkeit derselben für gesetzwidrige Handlungen ihrer Agenten erzeugten und jetzt überhaupt erst erzeugen konnten; weshalb, wird das einschlägige Kapitel lehren.

---

[1] Vgl. Labour Legislation Chap. XXXIII.

Erstes Kapitel.

Zeit- und Streitfragen.

Literatur.

Allgemeine.

1. G. Drage, Trade Unions. London 1905.
2. H. Warwick, M. A. Draper, Trade Unions and the Law. London 1906.
3. Charles Bradlaugh, Labor and Law. London 1891.

Einzelne Fragen.

1. W. H. Mallock, Socialism in England (Property and Progreß). London 1884.
2. Report of the Twenty-Fourth Annual Trades Union Congress held in the Town Hall, Newcastle-upon-Tyne, on September 7—12 1891.

Zeitschriften und Zeitungen.

I. The Contemporary Review. London.

1. Dun Gardner, The Drift to Socialism. January 1894.
2. William Cunningham, The Progress of Socialism in England. January 1879.
3. Trades' Union Congresses and Social Legislation. September 1889.

II. The Law Quarterly Review. London.

1. A. H. F. Lefroy, Judge-made-Law. Oktober 1904.

III. The Quarterly Review. London.

1. Simplification of the Law. Art. II. January 1874.

IV. The Saturday Review of Politics, Literature, Science and Art. London.

1. September 25, 1880. The Trade-Unions Congress.
2. September 8, 1888. The Trades-Union Congress.
3. September 12, 1891. The Trade-Union Congress.
4. September 26, 1891. Congresses and Labour.
5. September 10, 1892. The Trade Union Congress.
6. September 14, 1895. The Meaning of the Trade Union Congress.
7. September 11, 1897. The Politician and the Trades-Union Congress.
8. May 17, 1901. The Confusion of Trade Union Law.
9. July 27, 1901. Judge-made-Law.

10. September 7, 1901. Trade Unionism and Politics.
11. Oktober 12, 1901. The Campaign against Trade Unions.

V. The Economist. (Weekly Commercial Times. A Political, Literary and General Newspaper.) London 1900—1906.

Geleitwort.

Die Entscheidungen über die rechtliche Lage der Gewerkvereine offenbaren Meinungsverschiedenheiten unter hervorragenden Männern, welche es für jedermann zu einem hoffnungslosen Versuch machen, mit Genauigkeit oder Gewißheit zu sagen, was Gesetz ist! —

Right Honourable R. B. Haldane.
März 1903. The Contemporary Review.

Als der am 1. September des Jahres 1902 in London tagende 37. Kongreß der englischen Gewerkvereine nach stürmischer Debatte seine Sitzungen schloß, legte er in einer geharnischten Resolution sein politisches Jahresprogramm nieder, das zugleich einen wichtigen Rückschluß auf den Stand des damaligen englischen Gewerkvereinsrechts gestattet und mit den noch heute schwebenden Problemen desselben bekannt macht. Als Hauptpunkte der aufgestellten Forderungen dürften gelten: Die Wiederherstellung der ehemaligen Unantastbarkeit der Trade Unions Fonds, die Gesetzlichkeitserklärung des friedlichen Streikpostenstehens, eine Einschränkung der Conspiracy Act und die Kodifikation[1] des Gewerkvereinsgesetzes. Man stützte sich mit bezug hierauf vornehmlich auf zwei, in den Jahren 1897/98 und 1901 vom Oberhaus gefällte Entscheidungen. In ersterer wurde das alte Kampfesobjekt des „picketing" zu einer mehr oder minder ungesetzlichen Handlung gestempelt und in Verbindung mit dem „Verschwörungsgesetz" gebracht, in letzterem Jahre die Trade Union in dem dadurch berühmt gewordenen Taff Vale Case ihrer bisherigen angenommenen vermögensrechtlichen Immunität beraubt. Beide Entscheidungen riefen naturgemäß in der gesamten Unionswelt eine gewaltige Erregung hervor. Man war sich darüber einig, daß die gesetzliche Stellung der Ge-

[1] Siehe auch The Quarterly Review. Vol. 136, Januar 1874, Art. II (Simplification of the Law) Auszug aus „Statistics of Legislation by Statistical Society and Statistical Memorandum prepared by the Secretary of the Digest of Law Commission: Das sogenannte Statute law, d. h. die Sammlung der englischen Landesgesetze und Parlamentsbeschlüsse, das geschriebene Recht Englands par excellence, ist enthalten in über 100 Oktavbänden, welche mehr als 18000 Parlamentsakte umfassen. Diese Gesetze sind ohne systematische Anordnung in chronologischer Folge aneinandergereiht. Die Berichte bringen die richterlichen Entscheidungen wichtiger Fälle für eine Periode von 566 Jahren. Sie bestanden 1866 aus 1308 Bänden und wachsen jährlich um 25 bis 30. Im obigen Jahr beliefen sich die berichteten Common Law-Fälle auf über 60000, die der Courts of Equity auf 28000.

werkvereine eine vollkommene Umwälzung erfahren habe. Denn indem das höchste Berufungsgericht Englands die unter der Akte von 1871 registrierten Vereine für ihr und ihrer Agenten Verhalten mit den Fonds haftbar mache, sei ihnen, entgegen der bisherigen dreißigjährigen Praxis, die juristische Persönlichkeit zuerkannt und damit das Gesetz von 1871/76 durch die Willkür der Richter gebeugt. —

Der kräftigen Sprache, welche der Kongreß während seiner Session geführt hatte, nach zu urteilen, konnte man von seiten der Unionen wirksame Schritte erwarten, um die Regierung einer parteilichen oder falschen Anwendung des Gesetzes zu überführen. Aber nichts von dem geschah. So überaus gemäßigt war die Haltung der Gewerkler, daß selbst der Berliner „Vorwärts", inspiriert von seinem Londoner Korrespondenten, den Trade Unions „politische Unreife" vorwirft, angesichts der gerichtlichen Urteile, der „Totenglocken" des Unionismus, eine organisierte Armee von zwei Millionen englischer Arbeiter auf „juristische Kniffe" verwiesen zu haben. Nachdem die Regierung einen Antrag auf Normierung des Gewerkvereinsrechts kurzerhand abgewiesen hatte, suchte man nach Mitteln und Wegen, das neue Recht resp. Unrecht zu umgehen; sei es durch Bildung besonderer Fonds, Einsetzung von Streikkommissionen oder Abänderung der Vereinsstatuten usw. usw. Schon auf dem Londoner wie auf dem Kongreß zu Swansea 1901 waren so weitgehende und entlegene Vorschläge gemacht worden, daß sich das Parlamentarische Komitee die Unfruchtbarkeit dieser Verhandlungen nicht mehr länger verhehlen konnte und daher die Diskussion hierüber einfach von der Tagesordnung strich, mit dem Hinweise auf die Unsicherheit der Rechtslage.

Wie rat- und hilflos man den Entscheidungen des Oberhauses gegenüberstand [1], beweisen die Ausführungen, zu denen sich der bekannte Generalsekretär der Eisenbahner-Union, Richard Bell, veranlaßt gesehen hatte, als die Arbeiterschaft dem laschen Vorgehen ihrer leitenden Vereinsorgane mit allgemeiner Mißbilligung begegnete. Weit davon entfernt, eine genügende Erklärung der Vorgänge zu bieten, wird die Stellung der Gewerkvereine zum Gesetz vielmehr in noch tieferes Dunkel gehüllt. Seine zwar im übrigen höchst unparteiisch gehaltene Rede gipfelt nämlich in dem Satz: „Wir haben nunmehr einen kompletten Rechtsboden erhalten . . . . . .!" Zweifellos regt das zu der unmittelbaren Frage an, wie es kommt, daß anfangs von der gesamten Unionswelt als gesetzbeugend und rechtlos bekämpfte Urteile nun geradezu zu Rechtssätzen gestempelt werden, zu Rechtssätzen, die doch schon die 71/76er Gesetzgebung festgelegt haben sollte. Bell

[1] Vgl. The Saturday Review. 17 May 1901.

gibt auf diese Frage keine Antwort, seine Ausführungen machen überhaupt mehr den Eindruck eines in höchster Verlegenheit angewandten Beruhigungsmittels für die aufgeregte Arbeitermasse und waren daher auch nur von temporärer Wirkung; denn bald genug suchten die Unierten selbst diesen „kompletten Rechtsboden“ von sich abzuschütteln. Nur einen, immerhin zweifelhaften Erfolg konnte der Generalsekretär für sich in Anspruch nehmen. Durch einige kritische Seitenhiebe, auch gegen die Organisation der Gewerkvereine, hatte er die Presse auf ein lang vernachlässigtes Thema wieder hingewiesen. Eine Flut von Prophezeiungen über die künftige Gestaltung der rechtlichen Lage der Arbeitervereine ergoß sich, wohl bemerkt, — über die künftige — die noch ungeklärte, gegenwärtige behandelte man nach dem bekannten Muster von der Katze und dem heißen Brei. Diejenigen Zeitschriften und Tageblätter nun, welche nicht, wie die Daily Chronicle in das Bellsche Horn stießen und „für die erste und wichtigste Hauptaufgabe der kommenden Parlamentsverhandlungen“ die Legalisierung der Gewerkvereine als Korporationen in Aussicht stellten oder eine gerechte Strafe für maßlose Streiks und Despotismus der Unionen in den Entscheidungen sahen, glaubten in den sogenannten judge-made-laws[1], d. i. Richtergesetzen, den alten Sündenbock an den Hörnern gepackt zu haben. Ein großer Teil des englischen Rechtes basiert nämlich nicht auf Spezialgesetzen, sondern auf der Auslegung des Common Law und anderer gesetzlichen Vorschriften seitens der Richter. Demzufolge erklärte denn der „Temps“ am 19. Januar 1903: „Im Punkte der Form ist das gegenwärtige Recht verschiedenen Einwänden offen. Es spricht in solchen Dingen unsicher aus, wo Klarheit herrschen muß. Es läßt ein Schwanken richterlicher Entscheidungen zu. Es trägt mannigfache Merkmale einer hastigen und opportunistischen Entstehung. Es nötigt zur Erörterung von Feinheiten, die mittelalterlicher Scholastik würdig sind, und Entscheidungen von brennendem Interesse scheinen sich manchmal auf unwesentliche Punkte zu erstrecken.“ Dagegen wird jedoch wieder geltend gemacht, daß „die Anwendung von Präzedenzfällen auf neue Fälle im Lichte der Erfahrung und des aufgespeicherten „common sense“ dem Rechte eine Elastizität geben, die zu einer rascheren Behandlung neuer Probleme befähige, als Parlamente in diesen mit Arbeit überlasteten Zeiten aufbringen können. Indes, ein wirklicher Grund zur Klage entsteht aus der Tatsache, daß die Änderungen nicht Folge eines systematischen Ausbaues einer neuen Auffassung sind, sondern stückweise und einseitig auftraten, indem sie die Verant-

[1] Vgl. The Law Quarterly Review. Oktober 1904 (Art. Judgemade-law). The Saturday Review, 27. July 1901.

wortlichkeit der Gewerkvereine erhöht haben, ohne jedoch gleichzeitig ihnen neue Mittel, ihre Zwecke zu sichern, zu schaffen." Und nicht minder pessimistisch erscheint den Webbs 1901 [1] die Lage der Trade Unions. Unbestimmtheit, schlechte Definierbarkeit, Kompliziertheit und Unsicherheit des englischen Gesetzes geben ihnen zu Klagen Anlaß. „Wenn", so schreiben sie, „ein Vollziehungsorgan eines Gewerkvereins genau wissen könnte, was Gesetz und Recht ist, so könnte es sich vor einer Verletzung hüten und hätte eine Handhabe, seine Beamten anzuhalten, sich innerhalb der gesetzlichen Rechte zu bewegen. Das ist aber jetzt unmöglich. Alles. wessen ein Gewerkverein sicher sein kann, ist, daß, wenn eine Handlung eines seiner Beamten einen Nachteil oder Verlust für irgendeinen Unternehmer oder Arbeiter außerhalb der Organisation verursacht, es diesem unter geringen Kosten freisteht, eine Schadenersatzklage gegen den Gewerkverein anzustrengen. Das läuft schließlich darauf hinaus, daß jedem Querulanten Tür und Tor geöffnet ist. Wenn eine Klage vor das Gericht kommt, weiß ein Gewerkverein, wenn auch die Jury ein Verdikt über die nackten Tatsachen gibt, daß das Urteil faktisch in neun von zehn Fällen von der Ansicht des Richters über das Gesetz abhängt. Das Resultat ist, daß ein Gewerkverein gewärtigen muß, für jeden Zwischenfall bei einem Streik und für jede mögliche Weigerung, mit Nichtorganisierten zu arbeiten, herangezogen und zum Gegenstand von Klagen auf Schadenersatz gemacht zu werden."

Es liegt nicht im Rahmen unserer Aufgabe, das pro und contra abzuwägen oder gar Stellung zu nehmen, diese Eigenart der englischen Rechtspraxis zu verurteilen oder ihre Beseitigung als den „dunkelsten Tag Englands" anzusehen, sondern lediglich die Tatsache zu konstatieren, die — wie nicht anders zu erwarten — in einer Fülle neuer Gesetzesvorlagen der organisierten Arbeiterschaft, die strittigen Punkte zu klären und festzulegen, als Folge dieser allgemeinen Verwirrung der Rechtslage in den nächsten Jahren in die Erscheinung tritt. Der bemerkenswertesten unter ihnen wird im Zusammenhang Erwähnung getan werden. —

Nebenher ging eine kräftige Agitation der festländischen sozialdemokratischen Partei, die unzufriedenen Elemente zu gewinnen und marxistischen Ideen zugänglich zu machen. Wie es schien, anfangs mit Erfolg. Zeigen doch die Trade Unionskongresse in dem ersten Jahrfünft unseres Säkulums ausgesprochen sozialistische Tendenzen mit ihrem Protest gegen den Militarismus, der Forderung nach Verstaatlichung der

[1] Vgl. „Die neueste Geschichte des Gewerkvereinswesens im Vereinigten Königreiche und ihr mutmaßliches Ergebnis", London 1901. (Deutscher Artikel in der „Sozialen Praxis".)

Produktionsmittel usw. usw. Die Art und Weise aber, wie die englische Arbeiteraristokratie — abgesehen davon, daß die neuen Ideen in erster Linie ihre Anhänger und Vertreter bei den Gewerkvereinen der ungelernten Arbeiter fanden — sich vergeblich bemühte, den Kollektivismus ihres obersten Leitorgans mit den Zielen des Trade-Unionismus zu vereinbaren[1], bestärkt nur unsere Vermutung, den Einzug der sozialdemokratischen Propagandisten zu Norwich 1894 mit dem seit 1885 immer mehr zur Bedeutungslosigkeit herabgesunkenen Wirken des Kongresses[2] überhaupt in Verbindung zu bringen, dessen Funktion sich innerhalb dieser zehnjährigen Periode eigentlich darauf beschränkt hatte, an Könige und Präsidenten Dankschreiben für die Aufrechterhaltung des Weltfriedens zu senden, die Einigkeit unter den Gewerklern selbst aber möglichst zu stören. — Er erfüllt nicht mehr seine Funktionen, ist degeneriert zu einem Parlament von Müßiggängern und unverantwortlichen Zollbeamten. Eine Unzahl von Delegierten, der Körper selbst schwerfällig und unbehilflich, hat er aufgehört, eine Repräsentation der Gewerbe zu sein, um dafür destomehr gewissenlosen Abenteurern günstige Chancen zu bieten. — Zu solchem Urteil kommt der Kongreß zu Cardiff 1895[3]. Was war da mehr geeignet, dem Programm wieder etwas Inhalt zu geben, als die neue Lehre? Brachte es doch der Kongreß zu Norwich auf 126 Resolutionen solcher Tendenz, wenn auch unter heftiger Opposition der sogenannten alten Unionisten. Und ihnen ist es, wenn auch immerhin erst nach zwölf Jahren des Kampfes gelungen, die Reaktion mit der 7. Jahreskonferenz der Arbeiterpartei im vergangenen Jahre einzuleiten und den Ballast wertloser Schlagwörter und schiefer Theorien von sich abzuschütteln[4]. Auch heute noch stehen an der Spitze der Arbeiterpartei überzeugte Sozialisten, aber eben nur Sozialisten, keine Sozialdemokraten, oder wie ein Berichterstatter so trefflich sagt, keine „Illusionspartei, d. h. eine Partei ohne Programm oder doch nur mit einem solchen auf Grund eigener Beschlüsse und nicht anderweitig beschlossener Thesen." —

So neu geläutert und an Erfahrungen reicher, gelang es den Unionen, sich zurzeit der Verhandlungen über das heute in Kraft stehende Trade Disputes Gesetz von 1906 in der öffentlichen Meinung zu rehabilitieren und im wesentlichen die Forderungen des eingangs erwähnten Londoner Gewerkvereinskongresses von 1902 durchzudrücken. So sehr waren sie von dem Siege ihrer guten Sache überzeugt, daß bei An-

---

[1] Vgl. Socialism in England. By Mallock. 1884. The Contemporary Review, January 1894 und 1879.

[2] Die Artikel der Saturday Review (jährliche Kongreßgerichte).

[3] Vgl. The Saturday Review 14. September 1895.

[4] Der Kollektivismus wurde hauptsächlich entmutigt durch den zähen Widerstand der Bergleute von Northumberland.

kündigung der Ernennung der Königlichen Kommission die Diskussion im Parlamentarischen Komitee des Trade Unions Kongresses zu der Resolution führte, kein Unionsmitglied vor der Kommission erscheinen zu lassen. Mag dieser Vorgang als Trotz gegen die Regierung ausgelegt werden, die nur 50 Arbeitgebervertreter, dagegen mit unwichtigen Ausnahmen keine bedeutenden Arbeiterführer zu den Untersuchungen herangezogen hatte, das Selbstbewußtsein und Kraftgefühl, das aus diesem Verhalten spricht, ist unverkennbar. Das bleibt auch bestehen, wenn der Kommissionsbericht gegenteils die Unionen für diese ungünstige Zusammensetzung verantwortlich macht. Bei der allgemeinen Kenntnis der Materie, abgesehen von einzelnen Streikaktionen, war ein nachteiliger Einfluß auf das Endergebnis deshalb nicht zu befürchten. Unentschieden mag vor dem Eintritt in die nachfolgenden Tatsachen und den dreißigjährigen Verlauf der englischen Gewerkvereinsgesetzgebung die Streitfrage bleiben, ob die Bill von 1906 den Trade Unions keinerlei neue, sondern nur die durch den Taff Vale Case umgestoßenen Rechte wiedergegeben hat oder ob ihr die vom Expremier Balfour beigelegte Charakteristik einer Klassenbevorzugung gebührt.

Zweites Kapitel.

Die Registration, ihr Wesen, Umfang und Bedeutung.

Literatur.

Allgemeine.

1. D. F. Pennant, Trade Unions and the Law. Chapter VII. London 1905.
2. The Trade Union Act 1871. 34 and 35 Vict. ch. 31.
3. Trade Union Act (1871) Amendment Act 1876. 39 and 40 Vict. ch. 29.
4. Regulations Under The Trade Union Acts, 1871 and 1876. Whitehall 1. November, 1876. R. A. Croß.
5. Official Forms To Be Used Under The Trade Union Acts, 1871 and 1876. (The 34 and 35 Vict. c. 31, and 39 and 40 Vict. c. 22.)
6. William Guthrie, The Law of Trade Unions in England and Scotland under the Trade Union Act. 1871. Edinburgh 1873.
7. Report by the Chief Labour Correspondent of the Board of Trade on Trade Unions in 1902—1904. London 1906.
8. T. Seton Jevons, The Law of Trade Unions. Wilson's Legal Handy Books. A Text Book. London 1907.

Einzelne Fragen.

1. George Howell, Trade Unionism, New and Old. 1900.

Zeitschriften und Zeitungen.

I. The Contemporary Review. London.

1. R. Spence Watson, The Organisation of Unskilled Labour. August 1890.

II. The Fortnightly Review. London.

1. The Trend of Trade Unionism. Oktober 1892.
2. Emilia F. S. Dilke and Florence Routledge, Art. I, II. Trades Unionism among Women. May 1891.
3. Evelyn March-Philipps, The Progress of Women's Trade Unions 1893.

III. The Saturday Review. London.

1. Dezember 20, 1873. The Federation of Employers.
2. September 27, 1879. The Trades Union Congress.

Das englische Gewerkvereinsgesetz vom Jahre 1871, das, wie allgemein bekannt, den Trade Unions nach langem Ringen die gesetzliche Anerkennung brachte, bestimmt in section 6[1],

[1] Pennant, Trade Unions and the Law. Chap. VII. p. 110—114.

daß jeder Gewerkverein nach erfolgter Namensunterschrift seitens sieben oder mehr Mitglieder unter das Vereinsstatut registriert werden kann, sofern allen sonstigen Erfordernissen der Akte genügt, vor allem irgend einer seiner Zwecke nicht ungesetzlich ist. Die Registration unter den Friendly Societies Acts von 1855 und 1858, ihren Hilfsgesetzen und Novellen, den Companies Acts 1862 und 1867 und der Industrial and Provident Societies Act von 1867, sowie die daselbst niedergelegten Vereinssatzungen werden für unwirksam erklärt. Häufige Streitigkeiten über die Begrenzung des Trade Unions Begriffes ließen es jedoch 1876 in der Trade Union Amendment Act ratsam erscheinen, eine genaue Definition [1] desselben zu geben, welche demgemäß nicht nur jede temporäre oder permanente Kombination zur Regelung der Beziehungen zwischen Arbeitgeber und -nehmer einerseits und „Meistern" untereinander anderseits, sondern auch alle anderen Sozietäten, welche Handel und Gewerbe freiheitlichen Beschränkungen unterwerfen, einschließt. Jede Sozietät also für obig benannte Zwecke, gleichgültig, ob den Namen [2] Society, Company, Association usw. oder die bloße Bezeichnung ihres Gewerbes, wie London Cab Drivers, Sabden Weavers, Bedstead Workmen usw. offiziell führend, gewinnt mit der Registration die Rechte und Pflichten einer Trade Union. Alle übrigen dagegen, welche nicht in den Umkreis der Definition fallen, unterlagen bis zum Jahre 1893/94, wo sie in die Industrial and Provident Societies Act einbezogen wurden, dem Company Law.

Unter den mannigfachen Assoziationsarten, die sich mit Drage [3] sehr gut in „wage-saving" und „wage-earning" scheiden lassen, wenn man zu letzteren die Trade Unions und Cooperative Societies rechnet (das sind Organisationen, vermittelst deren die Arbeiter den Unterschied zwischen Arbeitgeber und -nehmer zu eliminieren und einen Arbeitsprofitanteil zu gewinnen suchen, und die mit den Gewerkvereinen zu verschmelzen man zur Zeit der Kommissionsuntersuchungen 1867 bis 1869 für möglich und zweckdienlich hielt), beanspruchen nur die zur ersteren Gruppe neben den Building-Societies und Saving banks gehörenden Friendly Societies größeres Interesse von unserer Seite. Alle bisherigen wissenschaftlichen Versuche einer Definition oder Festlegung einer Funktionengrenze zwischen ihnen und den Gewerkvereinen sind als gescheitert zu betrachten. Der Urzweck der Gewerkvereine lag ja nicht wie bei den Friendly Societies in der Ergänzung oder besser Ersetzung einer Arbeiterschutzgesetzgebung, sondern in der Hebung der materiellen Lage

[1] Jevons, The Law of Trade Unions, p. 8.
[2] Guthrie, The Law of Trade Unions, p. 35—37.
[3] Vgl. sein Buch: Trade Unions, p. 30—35; desgl. Jevons, p. 8.

der arbeitenden Klassen durch Streik, d. h. Gewalt. Daran hat sich auch heut noch nicht viel geändert. Denn die gern aufgestellte und gehörte Behauptung, die Trade Unions hätten diesen ihren streitbaren Charakter immer mehr aufgegeben, ist keineswegs zutreffend. An die Stelle roher Kraftäußerungen sind lediglich humanere Mittel getreten; Schiedsgerichte, Einigungsämter usw. greifen ein, um die gegenteils sich immer mehr häufenden Streitigkeiten und Streitfragen, welche — und das wird übersehen — nur eine andere Richtung genommen haben, einer friedlichen Entscheidung entgegen zu führen[1]. Denn noch ist der Kampf zwischen „Altem und Neuem" Unionismus[2] nicht zum Austrag gebracht, noch bildet jene Gruppe von Unionisten, die das gesamte „benefit-system" verdammt und dem Gewerkverein seinen ursprünglichen Charakter wiedergeben möchte, eine Macht, mit der gerechnet werden muß. Die Organisationen der ungelernten Arbeiter sind erklärlicherweise wegen der Armut und ständigen, in der Art der Beschäftigung begründeten Fluktuation ihrer Mitglieder, nicht in der Lage, große Fonds anzusammeln und ein reguläres Unterstützungswesen aufzubauen, geschweige denn die bedeutenden Verwaltungskosten zu tragen. Die bei den „Alten" Unionen von den Webbs so spannend geschilderte Entwicklung von einer rein demokratischen Verwaltungsorganisation zu einer mehr konstitutionellen ist bei ihnen nirgends zu beobachten. Leute ohne Lehrlingsschaft, ohne Gewerbe-Traditionen erzeugen auch keinen Korpsgeist, lokale Interessen allein halten das Ganze eine Zeitlang zusammen, wie der Liverpooler Dockarbeiterstreik 1888/89, der Geburtstag des „Neuen Unionismus", zur Evidenz beweist. So lange die an Charakter und Fähigkeiten so heterogenen Elemente nicht einen straffen Erziehungsprozeß durchgemacht haben, wird ihre Devise weiter lauten: „Gewalt und politische Macht!"[3] Mancherlei ließe sich noch sagen über die mittelalterlicher Zunftpraxis ähnelnden Reibungen unter den alten Unionen um die Abgrenzung der einzelnen Arbeitsgebiete, über den zähen Kampf gegen den Nichtorganisierten, den non-union-man. Doch wir entfernen uns zu weit von dem eigentlichen Thema, die kurzen Bemerkungen mögen genügen, obige Behauptung zu erhärten. —

Die Königliche Kommission der Jahre 1867/69, ebenfalls vor die Aufgabe gestellt, Trade Unions und Friendly Societies unter irgend welchen Gesichtspunkten scharf auseinanderzuhalten, fand schließlich einen resp. keinen anderen Ausweg,

[1] Vgl. das Schlußkapitel.
[2] The Trend of Trade Unionism. (The Fortnightly Review.) Okt. 92. Webb, Die Geschichte des Britischen Trade Unionism. Kap. VII.
[3] The Contemporary Review. August 1890 (The Organisation of Unskilled Labour).

als die Einrichtung einer gemeinsamen Zentralregistration. Die denselben Lebensversicherungszwecken dienenden nicht registrierten, sollen als „companies“ unter die Life Assurance Acts fallen[1]. —

Dem schriftlichen Gesuch um Registration sind die von sieben oder mehr Mitgliedern unterzeichneten Satzungen des Vereins in mehreren gedruckten Exemplaren, sowie eine Liste mit den Namen und Stellungen der Beamten beizufügen. Diese Schriftstücke unterliegen der Prüfung des Registerrichters, dessen Funktionen im Jahre 1871 von Bruce bestimmt und zwei Jahre später von Lowe einer Neuregelung unterworfen worden sind. Von einer Aufzählung der sonstigen Erfordernisse Abstand nehmend[2], bleibt als wesentlich zu beachten, erstlich, daß keine Union in einem, mit einer anderen identischen oder zur Täuschung von Mitgliedern und Publikum Anlaß gebenden Namen eingetragen werden darf, und daß es zweitens dem Registerrichter zusteht, die Qualifikation der die Registration beantragenden Personen zu prüfen. Sie ist als vorliegend zu erachten bei Beauftragung seitens der Vereinsmajorität. Eine kleine Zahl Opponenten kann die Registrierung nicht verhindern. Sind keinerlei Ausstellungen zu machen, so wird die Eintragung vollzogen und zwar für Gewerkvereine, die ihre Beziehungen über mehr als ein „Land“, d. h. England, Schottland und Irland erstrecken, in ihrem zuständigen Landesregisteramt. Die Vereinsregeln, sowie jedwede Änderungen[3] sind den beiden anderen Ämtern desgleichen mitzuteilen. Vor Erledigung dieser Formalitäten ist die Registration, über die ein Zertifikat ausgestellt wird, unwirksam. Unionen, älter als ein Jahr, haben außerdem einen Vermögenverwaltungsbericht für die in Frage stehende Zeit, ähnlich der später noch zu erwähnenden, allen registrierten Gewerkvereinen obligatorischen jährlichen Rechnungslegung zu liefern. Um dem Gesetzgeber eine wirksame Kontrolle in die Hand zu geben, besteht für die eingetragenen Trade Unions der weitere Zwang zur Errichtung eines Registraturbureaus, dem alle Berichte, Meldungen usw. zugehen sollen; auf Unterlassung dieses steht nach einer Woche und jedem weiteren Versäumnistag eine Strafe bis zu 5 p. für Verein und Beamte. Ganz wesentlich verschärft wird die Aufsicht aber zweifelsohne mit Hilfe der soeben angeführten Rechnungslegung, die bis zum Juni jeden Jahres abgeschlossen werden muß. Verlangt werden hier genaue Angaben über Vermögensbestand, Einnahmen und Aus-

[1] Jevons' Legal Handy Book, p. 26/27 (Life Insurance). Act 1876. section 7, Cohen and Howell. Trade Unions Law and Cases, p. 70—75. 110—113.

[2] Formulare bei Jevons, p. 113—137.

[3] Ein nichtregistrierter Gewerkverein kann sein Statut nach Belieben ändern.

gaben usw. unter besonderer Darlegung der Zwecke, als auch erschöpfende Details mit Bezug auf Bankeinlagen, -Erhebungen, Leihen, Anleihen, Hypothekenverkehr usw. usw. Bei amalgamierten Unionen ist für jeden Zweig ein Sonderbericht aufzustellen. Duplikate müssen jedem Mitglied oder Beitragspflichtigen auf Wunsch kostenlos ausgehändigt werden. Böswillige Benutzung falscher Angaben Dritten gegenüber konstituiert nach Art. 23 des Criminal Law eine strafbare Handlung. Außerdem trifft die Akte von 76 besondere Bestimmungen über Namensänderung, Verschmelzung und Auflösung registrierter Gewerkvereine. Bei Eintritt der beiden ersteren Fälle ist die von sieben Mitgliedern unterzeichnete und vom Sekretär resp. beiden Unionssekretären gegengezeichnete schriftliche Mitteilung mit einer eidesstattlichen Erklärung auf die Gesetzlichkeit der eingetretenen Veränderungen an das Zentralregisteramt zu richten. Zur Namensänderung ist erforderlich eine $^2/_3$ Stimmenmajorität der totalen Mitgliederzahl. Irgendwelche neuen Rechte oder Pflichten entstehen daraus nicht. Die an dieselben Bedingungen geknüpfte Verschmelzung von Gewerkvereinen ist zumeist verbunden mit einer Auflösung oder Verteilung der Fonds[1], sei es nur eines von ihnen oder mehrerer. Jedenfalls werden Gläubiger- und andere Rechte wie oben davon nicht berührt. Schwere Verstöße gegen die Akte können mit Entziehung des Zertifikates geahndet werden, was sonst nur auf besonderen Wunsch geschieht. Sie erfolgt durch das zuständige Registeramt nach vorangegangener zweimonatlicher Begründung. Mit der Löschung verliert der Gewerkverein alle ihm vom Gesetz zugestandenen Privilegien.

Soweit in großen Zügen eine Skizze von den beachtenswertesten Momenten im Verlaufe der Registration. So wenig interessant die Darlegung ihrer Praxis sein mag, nötig war sie. Sie sollte zeigen, wie groß das Opfer ist, mit dem die Gewerkvereine ihre Legalität erkauft haben, und gar manchem wird vielleicht der Preis bei Verfolg ihrer rechtlichen Errungenschaften zu hoch erscheinen, — z. B. für das Jahrfünft 1896—1901, quod est demonstrandum. Wie dem nun auch sei; sie erleichtert jedenfalls die Beurteilung sonst unverständlichen Widerstandes der Gewerkschaftler gegen Wünsche und Forderungen von Publikum und Regierung, die scheinbar nur dem Wohle ihrer Organisationen zu dienen vermögen, die aber, und darin liegt der Kern und Angriffspunkt, leicht geeignet sind, zu einer Handhabe gesetzlicher Bevormundung

---

[1] Vgl. die Entscheidungen: Strick v. Swansea Co. (1887) 36, C. D. 558. In re Printer's Protection Society (1899) 2 Ch. 184. Desgl. Jevons, p. 13, 52—56, section 12 Act 1876. Jevons Abschnitt: Regulations under the Trade Union Acts 1871/76.

und Einmischung in das Innenleben des Trade Unionismus zu werden. Wenn die Akte von 1871 auch die Gewerkvereine als solche sanktioniert hat, so berührt das nicht im geringsten die Existenz von zahlreichen Unionen, die dieses, wenn nicht jedweden gesetzlichen Schutzes entbehren.

— Der Satz „Kombination ist = Konspiration" nahm noch damals eine bedeutende Stellung im englischen Koalitionsrecht ein, wie das einschlägige Kapitel lehren wird. Sie spielt hinein in die für den registrierten Gewerkverein wichtigste nnd eingangs erwähnte Voraussetzung, daß keiner seiner Zwecke ungesetzlich war. Die Konstatierung einer vorliegenden Ungesetzlichkeit begegnet aber meist ganz erheblichen Schwierigkeiten. Der „Eleventh Report" der Royal Commission von 1869 will bezeichnenderweise, und den Kenner der Gewerkvereinsgeschichte nicht überraschend, jede Bestimmung über die Nichtbeschäftigung und Beschränkung von Lehrlingen, g e g e n die Einführung und den Gebrauch von Maschinen, g e g e n Stücklohn (working by the piece) und Nichtunionierte oder f ü r den Sympathiestreik als illegal angesehen wissen. Die Unzweckmäßigkeit dieser Vorschläge wurde jedoch bald erkannt und sie wurden ersetzt durch Schedule 1 der 71er Akte, welche Angaben verlangt über: Namen der Union, Bezeichnung des Geschäftslokales, Gründungszweck, künftige Verwendung der Fonds, Änderungen der Satzungen, Ernennung und Auflösung eines Verwaltungskomitees, Wahl und Absetzung der Trustees, des Schatzmeisters und der übrigen Beamten, Einsicht in die Bücher für jede an den Fonds interessierte Person.

Schwach und leicht zu umgehen, wie diese Angaben waren und noch heute sind, boten sie dem Registerrichter bei seiner Prüfung nur geringen Anhalt; erst die trefflichen Ausführungen Lord Lindleys im Jahre 1889 sollten ihm zeigen, welche allgemeinen Gesichtspunkte er seiner Urteilsbildung zugrunde zu legen hat: „Ungesetzlichkeit ohne weiteres von einem Gewerkverein vorauszusetzen, ist unzulässig, seitdem er nicht mehr als eine „Ärgernis erregende" Einrichtung oder „Verschwörung" im kriminellen Sinne aufzufassen ist. Wenn nun einzelne „rules" der Union nicht zum Gegenstand eines gerichtlichen Verfahrens gemacht werden können, so folgt daraus noch keineswegs ihre (d. h. der Union) völlige Indemnität. Zweifellos werden alle Regeln eines Gewerkvereins in der Definition des Gesetzes tendenziös gefärbt sein, und einzelne wieder, die zu Einwänden Anlaß geben möchten, werden dadurch unwirksam gemacht (scl. in ihrer Ungesetzlichkeit), daß die Zwecke der Union sich selbst legal sind. W e n n d a h e r s e l b s t e i n i g e R e g e l n u n g e s e t z l i c h e Z i e l e v e r f o l g e n, s o k a n n d i e U n i o n d o c h e r s t d a n n a l s i l l e g a l b e t r a c h t e t w e r d e n, w e n n d i e s e Z i e l e weit über das erforderliche Maß hinausgehen."[1]

Wir knüpfen daran eine kurze Betrachtung über die Bedeutung, welche der Registration von seiten der Gewerkvereine selbst beigelegt wird.

Von den im Jahre 1904 bestehenden 1148 Trade Unions waren 550 registriert, 598 dagegen nicht. Vergegenwärtigt man sich indessen die durch sie vertretene Mitgliederzahl, so gestaltet sich das Bild wesentlich anders. Denn von der 1 866 755 betragenden Gesamtsumme entfallen 1 472 012 auf die ersteren und nur 394 743 auf die letzteren. Einer genaueren Informierung für sechs der bedeutendsten Gewerbsgruppen dienen die Daten in Tabelle A[2].

A.

Gewerbsgruppen	Registriert		Unregistriert		Total	
	Zahl der Unionen	Zahl der Mitglieder	Zahl der Unionen	Zahl der Mitglieder	Zahl der Unionen	Zahl der Mitglieder
1. Baugewerbe . . .	**79**	**211 638**	**30**	**13 843**	**109**	**225 481**
Arbeiter	42	23 444	7	1 594	49	25 038
Andere	37	188 194	23	12 249	60	200 443
2. Montanindustrie .	**50**	**440 197**	**19**	**61 051**	**69**	**501 248**
Kohlenbergbau	41	424 357	17	58 960	58	483 317
Andere u. Steinbruch . . .	9	15 840	2	2 091	11	17 931
3. Metall- und Maschinen-Industrie	**108**	**310 580**	**129**	**25 328**	**237**	**335 908**
Maschinenbau .	45	142 794	40	8 698	85	151 492
Schiffsbau . . .	11	73 630	12	3 467	23	77 097
Andere	52	94 156	77	13 163	129	107 319
4. Textilindustrie .	**66**	**66 595**	**182**	**155 099**	**248**	**221 694**
Baumwollspinnerei	17	41 565	121	126 154	138	167 719
Woll- und Garnspinnerei . .	12	3 664	13	4 009	25	7 673
Andere	37	21 366	48	24 936	85	46 302
5. Bekleidungsindustrie	**19**	**48 012**	**17**	**10 513**	**36**	**58 525**
Schuh- u. Stiefel	5	30 064	7	828	12	30 892
Schneiderei . .	6	15 917	5	4 005	11	19 922
Andere	8	2 031	5	5 680	13.	7 711
6. Transportgewerbe	**45**	**144 717**	**11**	**9 489**	**57**	**154 206**
Eisenbahner . .	5	71 842	—	—	5	71 842
Andere	41	72 875	11	9 489	52	82 364

[1] Jevons' Legal Handy Book, p. 32/33.
[2] Berechnet nach dem Bericht des Board of Trade 1906, vgl. ibid. p. LXIV.

Hervorhebung verdienen die Zahlen für die Textilindustrie. Im Gegensatz zu den anderen verbindet sie mit der fast dreimal so starken Anzahl nicht registrierter Unionen eine mehr als doppelt so starke Mitgliederzahl. Eine Erklärung hierfür ist in der starken Beteiligung des weiblichen Geschlechtes zu suchen; denn von den 221 694 in diesem Industriezweige Beschäftigten sind nicht weniger als 109 789 weibliche Personen, während auf alle übrigen Gewerkvereine, registrierte wie nichtregistrierte, nur 15 305 kommen, und zwar verteilen sich diese wiederum auf 148 Unionen, welche überhaupt Frauen den Zutritt gestatten, was weniger die Abgeneigtheit derselben gegen Koalierung, als die Schwierigkeiten ihrer Bildung beweist. Alle Gewerbe, in denen die weibliche Arbeit präponderiert, sind schlechter, d. h. loser organisiert als die anderen [1]. Dazu gesellt sich aus leicht ersichtlichen Gründen die Gegnerschaft der Männer, wenn auch die Zeiten offener Feindseligkeit längst vorüber sind. Hoffnung auf spätere Heirat machen die Frau — und darin liegt ein berechtigter Klagegrund — weniger geneigt, Opfer an Geld für eine sehr entrückte und ungewisse Zukunft zu bringen, dagegen sehr bereit, — oft allerdings in ihrer körperlichen Konstitution begründet — solche entgegenzunehmen; es ist eine charakteristische Tatsache, daß die Arbeiterin höchst selten ihre Vereinsmitgliedschaft nach Aufgabe ihrer Tätigkeit fortsetzt. Ständige Fluktuation der Mitglieder gibt deshalb den ihnen offenstehenden Gewerkvereinen das Gepräge. Nur die „union-woman" Lancashires ist in dieser Hinsicht ihren Mitschwestern weit überlegen. Das Gesamtresultat zeigt unter 1 866 755 unierten Arbeitern 125 094 weibliche. — In welchem Verhältnis die totalen Mitgliedersummen zu registrierten und nichtregistrierten Gewerkvereinen stehen, soll Tabelle B darlegen [2].

B.

Größenklasse	Zahl der Unionen			Mitgliederzahl		
	Registriert	Nicht-registriert	Total	Registriert	Nicht-registriert	Total
unter 100 Mitgliedern	158	264	422	8 803	14 336	23 139
„ 1000 „	398	521	919	100 756	89 877	190 633
„ 10000 „	517	592	1109	461 027	284 431	745 458
von 10 000—50 000 Mitgliedern	27	6	33	527 008	110 312	637 320
von 50 000 u. darüber	6	—	6	483 977	—	483 977

[1] Vgl. The Fortnightly Review Art. 1891, 93.
[2] Board of Trade, p. LXV.

Daraus erhellt die Ausdehnung der Registration vornehmlich auf Gewerkvereine mit großer Mitgliederzahl und dementsprechenden Fonds, was Tabelle C näher belegt.

C. Fonds Ende 1904.

	Totalsumme		pro Kopf des Mitgliedes		
	Zahl der Unionen	£	£	s	d
1. Baugewerbe	12	407 161	2	3	4 1/2
2. Montanindustrie	15	1 108 040	4	4	10 1/2
3. Metall- und Maschinenindustrie	15	1 525 011	6	4	0 1/2
4. Textilindustrie	22	701 622	5	17	0
5. Bekleidungsgewerbe	4	102 112	2	6	2
6. Transportgewerbe (Land u. See)	10	489 300	4	3	6 3/4

Bei über 500 000 Mitgliedern bestehen überhaupt keine unregistrierten Gewerkvereine, während sie mit weniger als 100 Mitgliedern noch im Übergewicht sind. Die Unionen bis zu 1000 Arbeitern sind zwar in der Mehrzahl nicht registriert, die registrierten vertreten aber auch nur etwa 10 000 Arbeiter mehr als die nichtregistrierten. An Zwergunionen, d. h. solchen mit 25 Mitgliedern und darunter, zählte man 1904 noch 51. Es sind Vereinigungen von größeren oder kleineren Unternehmern, entweder mit den Zielen eines Kartelles oder den Funktionen einer gegen die Arbeitervereine gerichteten Streikversicherung; wir kommen im Schlußkapitel eingehender darauf zurück. Über die rechtliche Lage dieser „Kartellgewerkvereine" dürften die Anschauungen auseinandergehen. Obwohl dieses Thema von der Königlichen Kommission 1906 vielfach angeschnitten wurde, hat sie die Frage nicht weiter diskutiert. Zurzeit genügt noch das Gewerkvereinsgesetz.

Das Alter einer Trade Union übt keinen Einfluß auf die Registration insofern aus, als beide Arten in den ältesten und jüngsten Jahrgängen anzutreffen sind. Zu den ältesten registrierten zählt die der „Amicable Woolstaplers" von 1785 und die „Liverpool Operative House Painter's Old Society" von 1798, ihnen stehen als nicht registriert gegenüber die „Gold Beater's" von 1777 und die „River Thames Ships Caulkers" [1] aus dem Jahre 1794. Schottischer Konservatismus manifestiert sich, wenn von den zehn schottischen Coal Miners Unions nur zwei und dazu die schwächsten registriert sind.

[1] Caulker = Calker d. h. Kalfaterer, das sind Leute, welche die Fugen zwischen den Planken der Schiffswand mit Werg und Pech ausstopfen.

Damit sei dieses Kapitel abgeschlossen, nicht jedoch, ohne vor der Annahme gewarnt zu haben, welche in der Registration eine bloße Formalität erblickt. Vom gesetzlichen Standpunkt ist der Unterschied zwischen einer registrierten und einer nichtregistrierten Trade Union ein immenser. Jene ist ein gesetzlicher Körper mit gesetzlichen Rechten, Pflichten und Privilegien, diese eine freiwillige Assoziation von Individuen.

Drittes Kapitel.

Die rechtliche Methode der kollektiven Vertragsschließung.

Literatur.

Allgemeine.

1. The Parliamentary Debates of the United Kingdom of Great Britain and Ireland (Hansard's Parliamentary Debates, Session 1871, 1875).
2. Pennant, Trade Unions and the Law. 1905. Chap. I, IV.
3. Report of the Royal Commission on Trade Disputes and Trade Combinations. London 1906. (Cd. 2825.)
4. Assinder, The Legal Position of Trade Unions. London 1905. Chap. II, 1—3.
5. Cohen and Howell, Trade Union Law and Cases. London 1901.
6. Second and Final Report of the Commissioners appointed to Inquire into the Working of the Master and Servant Act 1867 and the Criminal Law Amendment Act. 34 and 35 Vict. Chap. 32. London 1875.
7. The Employers and Workmen Act. 1875. 38—9. V. 90.
8. P. Seton Jevons, The Law of Trade Unions. A Text Book. London 1907.

Zeitschriften und Zeitungen.

I. The Contemporary Review. London.

1. Clementina Black, The Coercion of Trade Unions. Oktober 1892.

II. The Fortnightly Review. London.

1. Henry Crompton, The Workmen's Victory. 1875.

III. The Saturday Review. London.

1. Dezember 7, 1889. Trade Union Tyranny.
2. Dezember 14, 1889. The Fight with the Trades Unions.
3. Dezember 21, 1889. Trades Unions.

Bevor wir auf eine Untersuchung eingehen, welche als notwendige Ergänzung der soeben abgeschlossenen Betrachtungen über die Legalisierung der Trade Unions die Grenzen des Gebietes ziehen soll, innerhalb dessen die Gewerkvereine mit ihren Beamten, Mitgliedern oder Außenstehenden in rechtsgültige Vertragsbeziehungen zu treten imstande sind, mag es gestattet sein, um Wiederholungen in diesem wie in den nachfolgenden Kapiteln zu vermeiden, einige flüchtige Streiflichter auf das für die Beziehungen zwischen Arbeitgeber und -nehmer geltende Kontraktrecht zu werfen. — Viel des Bemerkens-

werten bietet es allerdings nicht. Niedergelegt vornehmlich in der Employers and Workmen Act vom Jahre 1875, läßt dieser Titel schon äußerlich gegenüber den alten Master and Servant Acts, welche Jahrhunderte lang ihre Herrschaft behauptet hatten, die Wandlung im Recht erkennen. An die Stelle des „Master" ist der „Employer", an die des „Servant" der „Workman" [1] getreten, in der Freiheit des Arbeits- und Dienstvertrages gipfelt die neuere Gesetzgebung. Begründete nach älterem Rechte jeder Kontraktbruch eines Arbeiters eine strafrechtliche Verfolgung [2], so gehört er heute, abgesehen von den beiden, hauptsächlich gegen Streiks gerichteten Ausnahmen in Section 4 und 5 der Conspiracy and Protection of Property Act von 1875 vor die Zivilgerichte. Section 5 setzt auf einen absichtlichen und böswilligen, von einer oder einer Kombination von Personen begangenen Kontraktbruch, wenn begangen mit der Kenntnis oder in der begründeten Annahme, daß seine wahrscheinlichen Konsequenzen Menschenleben in Gefahr bringen, körperlich ernstlich schädigen, Eigentum zerstören oder beschädigen, eine Maximalstrafe von 20 £ resp. Gefängnis bis zu drei Monat. Die Worte „absichtlich" und „böswillig", sowie das Fehlen eines Minimalstrafmaßes erregten am 28. Juni 1875 im Hause der Gemeinen den Widerspruch Lord Montagues und leiteten eine Reihe von äußerst scharf geführten Debatten ein (vgl. Kap. V und VI). Die zweite Ausnahme in Section 4 betrifft die in Gas- und Wasserwerken, kommunalen wie privaten, beschäftigten Arbeiter, für welche die ebengenannten Strafbestimmungen gelten, sobald durch boshaften Kontraktbruch eine Stadt, Stadtteil, Ort, Flecken usw. ganz oder zum größten Teil ihres Gas- oder Wasserbedarfes beraubt werden. Nachdruck ist zu legen auf das sehr angefeindete Wörtchen „boshaft"; denn es dient lediglich dem Schutze des Arbeiters, schützt ihn, um nur ein Beispiel anzuführen, vor strafrechtlicher Verfolgung, wenn ohne sein Verschulden die Kohlenlieferungen stocken oder ganz aussetzen. In Betracht dieses wohl möglichen Falles hatte sich das Haus der Gemeinen mit allen Kräften bemüht (Holms, Montague), die Wirkung der Section 4 auch auf die Kohlenlieferanten und andere in Frage stehenden Vertragsparteien auszudehnen, konnte indessen den Widerspruch der Lords nicht überwinden.

---

[1] G. Howell, Labour Legislation Vol. II, p. 287—95, 302; Vol. I, p. 36—40.

[2] Lord Winmarleigh rechtfertigt diese seiner Ansicht nach nur scheinbare Ungerechtigkeit der alten Gesetze mit der Erfolglosigkeit und Nutzlosigkeit von Schadenersatzklagen gegen den unvermögenden Arbeiter; vergißt aber dabei die aus Mängeln des Prozeßverfahrens entstandene Inkompetenz der Gerichtshöfe zur Aufrechterhaltung von Schadenersatzklagen aus Kontraktbruch gegen den zivilrechtlich haftenden Arbeitgeber. Vgl. House of Lords, July 26, 1875.

Daraus erhellt die Ausdehnung der Registration vornehmlich auf Gewerkvereine mit großer Mitgliederzahl und dementsprechenden Fonds, was Tabelle C näher belegt.

C. Fonds Ende 1904.

	Totalsumme		pro Kopf des Mitgliedes		
	Zahl der Unionen	£	£	s	d
1. Baugewerbe	12	407 161	2	3	4½
2. Montanindustrie	15	1 108 040	4	4	10½
3. Metall- und Maschinenindustrie	15	1 525 011	6	4	0½
4. Textilindustrie	22	701 622	5	17	0
5. Bekleidungsgewerbe	4	102 112	2	6	2
6. Transportgewerbe (Land u. See)	10	489 300	4	3	6¾

Bei über 500 000 Mitgliedern bestehen überhaupt keine unregistrierten Gewerkvereine, während sie mit weniger als 100 Mitgliedern noch im Übergewicht sind. Die Unionen bis zu 1000 Arbeitern sind zwar in der Mehrzahl nicht registriert, die registrierten vertreten aber auch nur etwa 10 000 Arbeiter mehr als die nichtregistrierten. An Zwergunionen, d. h. solchen mit 25 Mitgliedern und darunter, zählte man 1904 noch 51. Es sind Vereinigungen von größeren oder kleineren Unternehmern, entweder mit den Zielen eines Kartelles oder den Funktionen einer gegen die Arbeitervereine gerichteten Streikversicherung; wir kommen im Schlußkapitel eingehender darauf zurück. Über die rechtliche Lage dieser „Kartellgewerkvereine" dürften die Anschauungen auseinandergehen. Obwohl dieses Thema von der Königlichen Kommission 1906 vielfach angeschnitten wurde, hat sie die Frage nicht weiter diskutiert. Zurzeit genügt noch das Gewerkvereinsgesetz.

Das Alter einer Trade Union übt keinen Einfluß auf die Registration insofern aus, als beide Arten in den ältesten und jüngsten Jahrgängen anzutreffen sind. Zu den ältesten registrierten zählt die der „Amicable Woolstaplers" von 1785 und die „Liverpool Operative House Painter's Old Society" von 1798, ihnen stehen als nicht registriert gegenüber die „Gold Beater's" von 1777 und die „River Thames Ships Caulkers"[1] aus dem Jahre 1794. Schottischer Konservatismus manifestiert sich, wenn von den zehn schottischen Coal Miners Unions nur zwei und dazu die schwächsten registriert sind.

[1] Caulker = Calker d. h. Kalfaterer, das sind Leute, welche die Fugen zwischen den Planken der Schiffswand mit Werg und Pech ausstopfen.

1. The Parliamentary Debates of the United Kingdom of Great Britain and Ireland (Hansard's Parliamentary Debates, Session 1871, 1875).
2. Pennant, Trade Unions and the Law. 1905. Chap. I, IV.
3. Report of the Royal Commission on Trade Disputes and Trade Combinations. London 1906. (Cd. 2825.)
4. Assinder, The Legal Position of Trade Unions. London 1905. Chap. II, 1—3.
5. Cohen and Howell, Trade Union Law and Cases. London 1901.
6. Second and Final Report of the Commissioners appointed to Inquire into the Working of the Master and Servant Act 1867 and the Criminal Law Amendment Act. 34 and 35 Vict. Chap. 32. London 1875.
7. The Employers and Workmen Act. 1875. 38—9. V. 90.
8. P. Seton Jevons, The Law of Trade Unions. A Text Book. London 1907.

Zeitschriften und Zeitungen.

I. The Contemporary Review. London.

1. Clementina Black, The Coercion of Trade Unions. Oktober 1892.

II. The Fortnightly Review. London.

1. Henry Crompton, The Workmen's Victory. 1875.

III. The Saturday Review. London.

1. Dezember 7, 1889. Trade Union Tyranny.
2. Dezember 14, 1889. The Fight with the Trades Unions.
3. Dezember 21, 1889. Trades Unions.

Bevor wir auf eine Untersuchung eingehen, welche als notwendige Ergänzung der soeben abgeschlossenen Betrachtungen über die Legalisierung der Trade Unions die Grenzen des Gebietes ziehen soll, innerhalb dessen die Gewerkvereine mit ihren Beamten, Mitgliedern oder Außenstehenden in rechtsgültige Vertragsbeziehungen zu treten imstande sind, mag es gestattet sein, um Wiederholungen in diesem wie in den nachfolgenden Kapiteln zu vermeiden, einige flüchtige Streiflichter auf das für die Beziehungen zwischen Arbeitgeber und -nehmer geltende Kontraktrecht zu werfen. — Viel des Bemerkens-

Damit sei dieses Kapitel abgeschlossen, nicht jedoch, ohne vor der Annahme gewarnt zu haben, welche in der Registration eine bloße Formalität erblickt. Vom gesetzlichen Standpunkt ist der Unterschied zwischen einer registrierten und einer nichtregistrierten Trade Union ein immenser. Jene ist ein gesetzlicher Körper mit gesetzlichen Rechten, Pflichten und Privilegien, diese eine freiwillige Assoziation von Individuen.

---

werten bietet es allerdings nicht. Niedergelegt vornehmlich in der Employers and Workmen Act vom Jahre 1875, läßt dieser Titel schon äußerlich gegenüber den alten Master and Servant Acts, welche Jahrhunderte lang ihre Herrschaft behauptet hatten, die Wandlung im Recht erkennen. An die Stelle des „Master" ist der „Employer", an die des „Servant" der „Workman" [1] getreten, in der Freiheit des Arbeits- und Dienstvertrages gipfelt die neuere Gesetzgebung. Begründete nach älterem Rechte jeder Kontraktbruch eines Arbeiters eine strafrechtliche Verfolgung [2], so gehört er heute, abgesehen von den beiden, hauptsächlich gegen Streiks gerichteten Ausnahmen in Section 4 und 5 der Conspiracy and Protection of Property Act von 1875 vor die Zivilgerichte. Section 5 setzt auf einen absichtlichen und böswilligen, von einer oder einer Kombination von Personen begangenen Kontraktbruch, wenn begangen mit der Kenntnis oder in der begründeten Annahme, daß seine wahrscheinlichen Konsequenzen Menschenleben in Gefahr bringen, körperlich ernstlich schädigen, Eigentum zerstören oder beschädigen, eine Maximalstrafe von 20 £ resp. Gefängnis bis zu drei Monat. Die Worte „absichtlich" und „böswillig", sowie das Fehlen eines Minimalstrafmaßes erregten am 28. Juni 1875 im Hause der Gemeinen den Widerspruch Lord Montagues und leiteten eine Reihe von äußerst scharf geführten Debatten ein (vgl. Kap. V und VI). Die zweite Ausnahme in Section 4 betrifft die in Gas- und Wasserwerken, kommunalen wie privaten, beschäftigten Arbeiter, für welche die ebengenannten Strafbestimmungen gelten, sobald durch boshaften Kontraktbruch eine Stadt, Stadtteil, Ort, Flecken usw. ganz oder zum größten Teil ihres Gas- oder Wasserbedarfes beraubt werden. Nachdruck ist zu legen auf das sehr angefeindete Wörtchen „boshaft"; denn es dient lediglich dem Schutze des Arbeiters, schützt ihn, um nur ein Beispiel anzuführen, vor strafrechtlicher Verfolgung, wenn ohne sein Verschulden die Kohlenlieferungen stocken oder ganz aussetzen. In Betracht dieses wohl möglichen Falles hatte sich das Haus der Gemeinen mit allen Kräften bemüht (Holms, Montague), die Wirkung der Section 4 auch auf die Kohlenlieferanten und andere in Frage stehenden Vertragsparteien auszudehnen, konnte indessen den Widerspruch der Lords nicht überwinden.

[1] G. Howell, Labour Legislation Vol. II, p. 287—95, 302; Vol. I, p. 36—40.

[2] Lord Winmarleigh rechtfertigt diese seiner Ansicht nach nur scheinbare Ungerechtigkeit der alten Gesetze mit der Erfolglosigkeit und Nutzlosigkeit von Schadenersatzklagen gegen den unvermögenden Arbeiter; vergißt aber dabei die aus Mängeln des Prozeßverfahrens entstandene Inkompetenz der Gerichtshöfe zur Aufrechterhaltung von Schadenersatzklagen aus Kontraktbruch gegen den zivilrechtlich haftenden Arbeitgeber. Vgl. House of Lords, July 26, 1875.

Daraus erhellt die Ausdehnung der Registration vornehmlich auf Gewerkvereine mit großer Mitgliederzahl und dementsprechenden Fonds, was Tabelle C näher belegt.

C. Fonds Ende 1904.

	Totalsumme		pro Kopf des Mitgliedes		
	Zahl der Unionen	£	£	s	d
1. Baugewerbe	12	407 161	2	3	4½
2. Montanindustrie	15	1 108 040	4	4	10½
3. Metall- und Maschinenindustrie	15	1 525 011	6	4	0½
4. Textilindustrie	22	701 622	5	17	0
5. Bekleidungsgewerbe . . .	4	102 112	2	6	2
6. Transportgewerbe (Land u. See)	10	489 300	4	3	6¾

Bei über 500 000 Mitgliedern bestehen überhaupt keine unregistrierten Gewerkvereine, während sie mit weniger als 100 Mitgliedern noch im Übergewicht sind. Die Unionen bis zu 1000 Arbeitern sind zwar in der Mehrzahl nicht registriert, die registrierten vertreten aber auch nur etwa 10 000 Arbeiter mehr als die nichtregistrierten. An Zwergunionen, d. h. solchen mit 25 Mitgliedern und darunter, zählte man 1904 noch 51. Es sind Vereinigungen von größeren oder kleineren Unternehmern, entweder mit den Zielen eines Kartelles oder den Funktionen einer gegen die Arbeitervereine gerichteten Streikversicherung; wir kommen im Schlußkapitel eingehender darauf zurück. Über die rechtliche Lage dieser „Kartellgewerkvereine" dürften die Anschauungen auseinandergehen. Obwohl dieses Thema von der Königlichen Kommission 1906 vielfach angeschnitten wurde, hat sie die Frage nicht weiter diskutiert. Zurzeit genügt noch das Gewerkvereinsgesetz.

Das Alter einer Trade Union übt keinen Einfluß auf die Registration insofern aus, als beide Arten in den ältesten und jüngsten Jahrgängen anzutreffen sind. Zu den ältesten registrierten zählt die der „Amicable Woolstaplers" von 1785 und die „Liverpool Operative House Painter's Old Society" von 1798, ihnen stehen als nicht registriert gegenüber die „Gold Beater's" von 1777 und die „River Thames Ships Caulkers" [1] aus dem Jahre 1794. Schottischer Konservatismus manifestiert sich, wenn von den zehn schottischen Coal Miners Unions nur zwei und dazu die schwächsten registriert sind.

[1] Caulker = Calker d. h. Kalfaterer, das sind Leute, welche die Fugen zwischen den Planken der Schiffswand mit Werg und Pech ausstopfen.

Damit sei dieses Kapitel abgeschlossen, nicht jedoch, ohne vor der Annahme gewarnt zu haben, welche in der Registration eine bloße Formalität erblickt. Vom gesetzlichen Standpunkt ist der Unterschied zwischen einer registrierten und einer nichtregistrierten Trade Union ein immenser. Jene ist ein gesetzlicher Körper mit gesetzlichen Rechten, Pflichten und Privilegien, diese eine freiwillige Assoziation von Individuen.

Drittes Kapitel.

Die rechtliche Methode der kollektiven Vertragsschließung.

Literatur.

Allgemeine.

1. The Parliamentary Debates of the United Kingdom of Great Britain and Ireland (Hansard's Parliamentary Debates, Session 1871, 1875).
2. Pennant, Trade Unions and the Law. 1905. Chap. I, IV.
3. Report of the Royal Commission on Trade Disputes and Trade Combinations. London 1906. (Cd. 2825.)
4. Assinder, The Legal Position of Trade Unions. London 1905. Chap. II, 1—3.
5. Cohen and Howell, Trade Union Law and Cases. London 1901.
6. Second and Final Report of the Commissioners appointed to Inquire into the Working of the Master and Servant Act 1867 and the Criminal Law Amendment Act. 34 and 35 Vict. Chap. 32. London 1875.
7. The Employers and Workmen Act. 1875. 38—9. V. 90.
8. P. Seton Jevons, The Law of Trade Unions. A Text Book. London 1907.

Zeitschriften und Zeitungen.

I. The Contemporary Review. London.

1. Clementina Black, The Coercion of Trade Unions. Oktober 1892.

II. The Fortnightly Review. London.

1. Henry Crompton, The Workmen's Victory. 1875.

III. The Saturday Review. London.

1. Dezember 7, 1889. Trade Union Tyranny.
2. Dezember 14, 1889. The Fight with the Trades Unions.
3. Dezember 21, 1889. Trades Unions.

Bevor wir auf eine Untersuchung eingehen, welche als notwendige Ergänzung der soeben abgeschlossenen Betrachtungen über die Legalisierung der Trade Unions die Grenzen des Gebietes ziehen soll, innerhalb dessen die Gewerkvereine mit ihren Beamten, Mitgliedern oder Außenstehenden in rechtsgültige Vertragsbeziehungen zu treten imstande sind, mag es gestattet sein, um Wiederholungen in diesem wie in den nachfolgenden Kapiteln zu vermeiden, einige flüchtige Streiflichter auf das für die Beziehungen zwischen Arbeitgeber und -nehmer geltende Kontraktrecht zu werfen. — Viel des Bemerkens-

werten bietet es allerdings nicht. Niedergelegt vornehmlich in der Employers and Workmen Act vom Jahre 1875, läßt dieser Titel schon äußerlich gegenüber den alten Master and Servant Acts, welche Jahrhunderte lang ihre Herrschaft behauptet hatten, die Wandlung im Recht erkennen. An die Stelle des „Master“ ist der „Employer“, an die des „Servant“ der „Workman“ [1] getreten, in der Freiheit des Arbeits- und Dienstvertrages gipfelt die neuere Gesetzgebung. Begründete nach älterem Rechte jeder Kontraktbruch eines Arbeiters eine strafrechtliche Verfolgung [2], so gehört er heute, abgesehen von den beiden, hauptsächlich gegen Streiks gerichteten Ausnahmen in Section 4 und 5 der Conspiracy and Protection of Property Act von 1875 vor die Zivilgerichte. Section 5 setzt auf einen absichtlichen und böswilligen, von einer oder einer Kombination von Personen begangenen Kontraktbruch, wenn begangen mit der Kenntnis oder in der begründeten Annahme, daß seine wahrscheinlichen Konsequenzen Menschenleben in Gefahr bringen, körperlich ernstlich schädigen, Eigentum zerstören oder beschädigen, eine Maximalstrafe von 20 £ resp. Gefängnis bis zu drei Monat. Die Worte „absichtlich“ und „böswillig“, sowie das Fehlen eines Minimalstrafmaßes erregten am 28. Juni 1875 im Hause der Gemeinen den Widerspruch Lord Montagues und leiteten eine Reihe von äußerst scharf geführten Debatten ein (vgl. Kap. V und VI). Die zweite Ausnahme in Section 4 betrifft die in Gas- und Wasserwerken, kommunalen wie privaten, beschäftigten Arbeiter, für welche die ebengenannten Strafbestimmungen gelten, sobald durch boshaften Kontraktbruch eine Stadt, Stadtteil, Ort, Flecken usw. ganz oder zum größten Teil ihres Gas- oder Wasserbedarfes beraubt werden. Nachdruck ist zu legen auf das sehr angefeindete Wörtchen „boshaft“; denn es dient lediglich dem Schutze des Arbeiters, schützt ihn, um nur ein Beispiel anzuführen, vor strafrechtlicher Verfolgung, wenn ohne sein Verschulden die Kohlenlieferungen stocken oder ganz aussetzen. In Betracht dieses wohl möglichen Falles hatte sich das Haus der Gemeinen mit allen Kräften bemüht (Holms, Montague), die Wirkung der Section 4 auch auf die Kohlenlieferanten und andere in Frage stehenden Vertragsparteien auszudehnen, konnte indessen den Widerspruch der Lords nicht überwinden.

---

[1] G. Howell, Labour Legislation Vol. II, p. 287—95, 302; Vol. I, p. 36—40.

[2] Lord Winmarleigh rechtfertigt diese seiner Ansicht nach nur scheinbare Ungerechtigkeit der alten Gesetze mit der Erfolglosigkeit und Nutzlosigkeit von Schadenersatzklagen gegen den unvermögenden Arbeiter; vergißt aber dabei die aus Mängeln des Prozeßverfahrens entstandene Inkompetenz der Gerichtshöfe zur Aufrechterhaltung von Schadenersatzklagen aus Kontraktbruch gegen den zivilrechtlich haftenden Arbeitgeber. Vgl. House of Lords, July 26, 1875.

Hinsichtlich der Form der Verträge herrscht das Prinzip der Formlosigkeit, ausdrücklich oder stillschweigend, — letzteres in der Mehrzahl der Fälle —, mündlich oder schriftlich können sie geschlossen werden. Berücksichtigung resp. Anerkennung finden vor dem Gesetz herrschende Handelsgebräuche, besondere Einrichtungen der Arbeitslokalität, ebenso spezielle Anordnungen des Unternehmers, welche der in seinen Diensten Stehende, trotz Verwahrung seines Kontraktes dagegen, stillschweigend anerkennt. Regel ist der Kollektivvertrag. All diese Verträge werden zu bindenden, sofern sie nicht in Sonderfällen ihre Anwendung versagen oder etwa gegen allgemeine gesetzliche Bestimmungen verstoßen. Die große Freimütigkeit der Gesetzgebung gibt den Gerichten wiederholt Anlaß, ihre Mitwirkung bei der Erzwingung eines Kontraktes zu verweigern, wenn nicht diesen gar für ungesetzlich zu erklären. Oberster Grundsatz ist Billigkeit der Verträge; nimmt ein Arbeitgeber das Recht für sich in Anspruch, seine Arbeiter ohne Kündigung zu entlassen, so steht diesen dasselbe Recht bei Niederlegung der Arbeit zu, Verhältnisse ausgenommen, für welche die vertragbrechende Partei genügende Rechtfertigung bieten kann. — Soweit das Gesetz, und bleibt nur noch zu erwähnen, daß es unter einem „workman“ [1] jede Person versteht mit Ausschluß des häuslichen Dienstpersonals, welche als Handlanger, Knecht, ländliches Gesinde, Tagelöhner, Kunst- oder sonstiger Handwerker, Bergmann oder überhaupt mit Händearbeit über oder unter 21 Jahren kontraktlich beschäftigt ist. Der Ausdruck, „otherwise engaged in manuel labour“ [2] ist seit 1892 näher begrenzt; die Unterscheidung hat festzustellen, ob die Arbeit als Haupt- oder Neben- resp. zufällige Beschäftigung der Person gilt. —

Ein Spaßvogel äußerte einst: das passendste Symbol für die kontraktlichen Beziehungen zwischen Union und Unierten wäre seiner Ansicht nach ein ausgestopfter Löwe. — In der Tat scheint auch bei flüchtiger Betrachtung kaum eine zweite Erscheinung auf dem Gebiete der Sozietätsbildung mit soviel äußerlichem Machteindruck so wenig innerlich wahre Kraft zu verbinden, scheint soviel Ernst im Scherz zu liegen. Was den Arbeiter an seinen Gewerkverein fesselt, ist nicht allein ein moralisches Band, sondern mehr noch ökonomische Überlegung und ein pekuniäres Interesse. Hat doch er, der sich nach Erlangung wichtiger politischer Freiheiten trotzig gegen jede Staatsintervention auflehnte, seine Existenz eng mit der seiner Union verknüpft und sich infolgedessen ihrer Macht und oft

[1] Nähere Angaben über den Begriff eines „workman“ bei Jevons, Handbuch, Part III, p. 102/3.

[2] Nähere Angaben im Handbuch von Jevons p. 104.

ihrem Terrorismus beugen müssen. Die Trade Unionsgesetzgebung zum Schutze der Fonds, die tief in das Innenleben der Gewerkvereine eingreift, verstärkt die Macht, mit der sie ihre Mitglieder an sich ketten. Denn wenig bindet sonst den Arbeiter. Niemand kann ihn gesetzlich zwingen, den Regeln des Gewerkvereins zu gehorchen, und kein Gesetz hindert anderseits letzteren, ein Mitglied durch Ausstoßung, unter Verlust aller Vorteile, Vorrechte und eingezahlten Gelder zu bestrafen. Ja, jeder Zwang zur Anerkennung dieser „rules“ und Befolgung dieser Vereinbarungen (agreements) ist ungesetzlich, selbst dann, wenn die in Anwendung gebrachten Mittel gesetzlich wären, womit jedoch keineswegs die Ungesetzlichkeit aller Kontrakte und Vereinbarungen zwischen Gewerkverein und Mitgliedern ausgesprochen sein soll. Section 3 und 4 der 1871er Akte verwarnen ausdrücklich vor solcher Annahme; sie sind rechtlich nur nicht bindend oder erzwingbar[1]. Klagen einer Trade Union gegen ihre Mitglieder, ihre Schulden an die Vereinskasse zu bezahlen, sind demnach unzulässig (Giblan v. National Amalgamated Labourer's Union 1903). —

Im ganzen zählt Section 4 fünf derartiger rechtsunverbindlicher „agreements“ auf; als da sind: Vereinbarungen über die Arbeitsbedingungen zwischen Arbeitgeber und -nehmer, sonstige Geschäftstransaktionen, bezüglich des gesamten Sammel- und Strafgelderwesens, Bestimmungen über die Verwendung der Fonds, sei es zur Unterstützung eines Mitgliedes[2] oder als Leistung von Hilfsgeldern an Unternehmer und Arbeiter, die, ohne Mitglied der Union zu sein, doch nach ihren Satzungen und Beschlüssen handeln; ebenso fallen in den Umkreis der Sektion Zahlungen für ein zu einer Geldstrafe verurteiltes Mitglied, Verträge unter Gewerkvereinen und zur Aufrechterhaltung obiger Vereinbarungen. —

Spielt diese Stellungnahme des Gesetzes hinein in die große, hier nicht näher zu erörternde Frage, inwieweit der Gesetzgeber in das innere und äußere Vertragsleben der Arbeiterverbände einzugreifen habe, so scheint doch zumal die Tatsache der Subsection 3, die jede Bestimmung über die Verwendung des Unionsvermögens als unverbindlich bezeichnet,

---

[1] Nach Jessel der erste Versuch, einen legalen Kontrakt für nicht erzwingbar zu erklären. Vgl. Haus der Gemeinen am 14. März 1871.

[2] Einer auf Grund von Section 10 der Tade Union Act 1876 zur Empfangnahme von Sterbegeldern seitens des Verstorbenen ermächtigten Person steht desgl. kein Klagerecht zu. Desgl. Ruegg and Cohen p. 4—6. Vgl. dazu: Jevons' Legal Handy Book p. 53; vgl. auch Pennant p. 3—6; 13, sowie die Rechtsfälle. Duke v. Littleboy (1880); 49, L. J. Ch. 802; Rigby v. Connol (1880); 14 C. D. 482; Chamberlain's Wharf v. Smith (1900); 2 Ch. 605. Cullen v. Elwin (1904), 90 L. T. 840.

dem ersten Grundsatz der ganzen Trade Unionsgesetzgebung, dem Fondsschutz, strikt zu widersprechen. Daß dem jedoch nicht so ist, geht aus der Praxis der Gerichte hervor, deren Jurisdiktion sich auf die Interpretation des im Wortlaut des Kopfes der Section 4 auftretenden „directly enforcing" stützt. Zwei Fälle wären möglich. Entweder ist dieses „directly" ein bloßes Beiwort, oder es will den Gegensatz zum „indirectly" hervorheben, — was auch tatsächlich in der Absicht des Gesetzgebers gelegen hat. Denn er gibt den Gerichtshöfen die Möglichkeit, in Sonderfällen und unter gewissen Voraussetzungen an Stelle eines erzwingbaren Urteils ein Inhibitorium, einen Einhaltsbefehl, die sog. „injunction" zu erlassen[1]. Ihre Anwendung ist naturgemäß abhängig in erster Linie von der Auffassung des Richterkollegiums, der Färbung der öffentlichen Meinung und nicht zum wenigsten von der Vernünftigkeit (reasonableness) der betrefflichen Vereinbarung. Besondere Schwierigkeiten werden zumal durch die Zusammenfassung der „dispute, unemployed, sick, ancient, strike" usw. Gelder zu einer einzigen Fondsmasse und zu einem einzigen Fondsbegriff hervorgerufen. Denn ob eine Regel, ein Vertrag, die für den einen Zweck Giltigkeit haben, diese auch für einen anderen beanspruchen können, erweist sich dadurch als nicht immer leicht entscheidbar. Selbstverständlich sind z. B. Geldzahlungen eines Gewerkvereines an irgendwelche Mitglieder oder Agenten zwecks Begehung einer illegalen Handlung an sich schon ungesetzlich. Jedenfalls aber darf die „injunction" nicht den Charakter einer direkten Erzwingung annehmen; woraus allerdings die richterliche Inkompetenz bei einer Verletzung wirklicher Rechte des Unierten keineswegs gefolgert werden darf. Zu solchen Rechten gehört unter anderen nach einem Entscheide des Hauses der Lords dasjenige auf eine statutengemäße Verwendung des Vereinsvermögens, und daran anknüpfend ist die Berechtigung einer injunction bei statutenwidriger Zahlung von Streikgeldern oder zur Verhinderung der Ausstoßung eines Mitgliedes anerkannt worden. Also gegen eine gegen die Regeln des Gewerkvereins erfolgende Verwendung der Fonds ist eine injunction zulässig, „nicht" jedoch bei Ausgaben, die im Einklang mit ihnen gemacht sind[2]. —

Die in Sect. 4 aufgezählten, dem Charakter der einzelnen Unionen angepaßten, detaillierten Agreements hat jedes eintretende neue Mitglied durch Namensunterschrift anzuerkennen und sich den daran geknüpften Pflichten und Strafen zu unterwerfen;

---

[1] Pennant p. 18. Rechtsfälle: Wolfe v. Matthews (1882) 21. C. D. 194. Yorkshire Miners' Association v. Howden (1905) A. C. 256. Assinder p. 19—24.

[2] Cohen and Howell, Trade Union Law and Cases p. 58—66.

sodaß der Gewerkschaftler bei Nichtbefolgung oder Zuwiderhandlung damit rechnen muß, seine sämtlichen Mitgliedschaftsrechte zu verlieren und keinerlei Anspruch auf Zurückerstattung der eingezahlten und ersparten Gelder oder sonstige Ersatzforderungen geltend machen zu können. Daß diese diktatorische Gewalt der Trade Unions oft gemißbraucht wird, darf nicht Wunder nehmen. Heutigentags klagt man hauptsächlich darüber, daß die leitenden Organe und Komitees, soweit letztere bestehen, auf Veranlassung irgend eines einflußreichen Mitgliedes oder Beamten, wie in erster Linie des Schatzmeisters, jede mißliebige Person unter den mannigfaltigsten Vorwänden aus dem Verein hinauswerfen, ohne Rücksicht auf die oft jahrzehntelangen Beiträge des Betroffenen [1]. Die Bedenken gegen dieses System werden um so größer dann, wenn es sich um einen älteren, voraussichtlich bald unterstützungsbedürftigen Arbeiter handelt [2]. Selbst wenn der Gerichtshof von der sittlichen Berechtigung der Ansprüche durchdrungen ist, erstreckt sich seine Kompetenz, wie in dem Streite der Amalgamated Society of Railway Servants for Scotland 1880 treffend ausgeführt wurde, doch nur auf die Aufrechterhaltung des „status quo“ — und wir setzen hinzu — „soweit dies möglich ist“, d. h. soweit nicht dehnbare und verklausulierte Regeln, wie im unten zitierten Fall, den Richter veranlassen, die Parteien wieder nach Hause zu schicken, „bis sie ihre Rechte besser geregelt und enger begrenzt hätten“. Letzterem Zwecke dient eine äußerst praktische und glückliche Einrichtung in der Anrufung eines Schiedsgerichtes, bestehend aus Mitgliedern des Gerichtshofes, von dem die Klage in erster Instanz abgewiesen worden war. Auf der Basis dieser schiedsrichterlichen Erkenntnis können dann die Parteien in einem erneuten Verfahren der nächsthöheren Instanz ihre Rechte geltend machen. —

Über die Vorteile und Nachteile dieses Systems der Vertragsschließung hat man und wird noch heute viel gestritten. Die einen wollen darin das beste Mittel für die moralische und intellektuelle Erziehung des Arbeiters erblicken, die anderen wiederum eine offene Wunde, welche die Kraft des Trade Unionismus schwächen muß. Die Königliche Kommission von 1869 hatte noch die Meinung vertreten, den Gewerkvereinen keinerlei gesetzliche Rechte in die Hand

---

[1] So erging es 1888 einem Arbeiter der Associated Carpenters and Joiner's Union in Schottland, der sich wegen eines Versehens nicht besonders bei der Unionsleitung entschuldigt hatte oder wie jenem anderen, der seinen Sohn in einer Werkstatt lernen ließ, die auch Nichtunierte beschäftigte usw. usw.

[2] Pennant p. 29. Harrington v. Sendall (1903) 1. Ch. 921. Cohen and Howell p. 107/8.

geben zu dürfen, gegen ihre Mitglieder zu klagen oder umgekehrt. 1871 [1] überzeugte man sich indessen, daß einige Einschränkungen des Gesetzes angebracht wären und schlug daher unter Benutzung der Registration vor, den Unionen halbkorporativen Charakter und eine gewisse gesetzliche Persönlichkeit zu gewähren, die sie zu gesetzlich bindenden Verträgen ermächtigen würden. Ja, man beantragte ferner, die kontraktschließende Assoziation für die Beachtung des kollektiven Vertrages seitens aller Mitglieder während der Dauer ihrer Mitgliedschaft verantwortlich zu machen und jedes Mitglied durch einen weiteren Vertrag mit der Assoziation zu zwingen, sich für die Aufrechterhaltung des ersteren zu verpflichten. Der Effekt dieser Bestimmung wäre gewesen eine einfache Haftbarkeit der Union und eine doppelte ihrer Mitglieder bei Schadenersatzklagen wegen Kontraktbruch seitens Dritter. Gesetz wurden diese Vorschläge glücklicherweise nicht. —

Aber sind denn überhaupt Änderungen des heutigen Zustandes nötig oder erwünscht? Darf man achtlos an der Tatsache vorübergehen, daß bisher nicht eine einzige Trade Union-Petition oder -Bill irgendwelche Abänderungsvorschläge nach dieser Richtung gemacht hat? — Ist das nicht der beste Beweis, daß das System trotz offensichtlicher und nicht wegzuleugnender Mängel im allgemeinen zur Zufriedenheit seiner Interessenten gearbeitet hat? — Oder soll man annehmen, daß die Schwierigkeiten eines Ausweges alle Härten des Systems überwiegen? — Die letzte Frage mag unbeantwortet bleiben, ein Zeichen, daß es falsch wäre, sie völlig zu negieren. In starre Gesetzesformeln läßt sich das bewegte Gewerkvereinsleben nun einmal nicht fassen, Kompromisse werden immer notwendig bleiben. Die Aufhebung der Section 4 hieße, die Unierten gesetzlich zwingen, in einer bestimmten Art zu arbeiten oder nicht zu arbeiten [2]. „Würden“, um mit Assinder zu reden, „solche Kontrakte unter den Arbeitern diese nicht zum größten Teil in eine der Leibeigenschaft und Sklaverei ähnliche Lage zurückversetzen?“ „Man sagt“, ruft Lord Montague am 28. Juni 1875 im Hause der Commons seinen Widersachern zu, „der Arbeiter soll frei sein von der Tyrannei der Trade Unions. Aber diese vorgeworfene Tyrannei ist lediglich die Ausübung einer eigenen legislativen Gewalt, welche jede Sozietät und jeder Klub besitzt, der sich seine Gesetze und Regeln gibt. Litt die Minorität oder die Majorität unter dieser Tyrannei? Wenn die Minorität, so war es ihr eigenes Verschulden, wenn die Majorität, so lag die Macht in ihrer Hand, sich davon zu befreien“. —

---

[1] Vgl. Königl. Kommissionsbericht 1869—71.

[2] Vgl. Pennant, desgl. The Solicitor General Sir John Duke Coleridge. Commons 14. März 1871.

Dieser Folgen eingedenk, wies das Parlament den vom Majoritätsbericht gestellten Antrag, Section 4, resp. eine oder mehrere ihrer Subsektions außer Kraft zu setzen und so den Gewerkvereinen zu gestatten, mit ihren eigenen Mitgliedern oder Außenstehenden in rechtsgültige, erzwingbare Kontraktverhältnisse zu treten, bei den Verhandlungen zur Trade Disputes Bill 1906 zurück. Die Ablehnung der letztgenannten Forderung — mit Außenstehenden Verträge schließen zu dürfen — mag zunächst Verwunderung erregen; bezwecken doch die Trade Unions Gesetze von 1871 und 1876 ausdrücklichst Legalisierung derselben. Diese Unklarheit des Ausdruckes wird indes behoben, wenn man, dem Sprachgebrauch des Gesetzgebers folgend, unter einem „outsider agreement" in diesem Falle nur die durch Section 4, Subsection 4 für nicht erzwingbar erklärten Vereinbarungen mehrerer Unionen untereinander begreift. Vermieden sollten dadurch werden rechtsgültige Verträge zwischen Arbeitgeber- (vgl. Kap. II, Registration, die Trade Union-Definition) und -nehmerverbänden. Nicht zum wenigsten war aber die ablehnende Haltung des Parlamentes wohl begründet in der reiflichen Überlegung, bei einer gegenteiligen Entschließung der Frage der Inkorporierung als einer unabweisbaren Folge dann näher treten zu müssen, was zu vermeiden man aus gewichtigen Gründen noch bedacht war. Denn würde Section 4 ohne andere einschneidende Änderungen innerhalb der gesamten bisherigen Trade Unions-Gesetzgebung aufgehoben werden, „so dürfte man sich nicht wundern, wenn eines Tages die Billigkeitsgerichte angerufen werden, um einen Arbeitgeber gesetzlich zu zwingen, seine Fabrik nicht zu öffnen oder einen Arbeiter, nicht zu arbeiten, sondern zu streiken, während die Grafschaftsgerichte Verordnungen über Verordnungen erlassen müßten, um die Zahlung von Streikgeldern oder die von Strafgeldern seitens lässiger Unionisten gesetzlich anzubefehlen, — weil letztere es möglicherweise unterlassen hatten, gemäß den Regeln ihres Vereines Arbeit zu suchen oder anzunehmen"[1].

Nicht zu verwechseln mit den (gemäß der von Lord Morley 1871 gemachten Unterscheidung) bisher besprochenen sog. „primary contracts", sind die ihnen gegenüberstehenden „secondary contracts"[2], zu welchen die vom Sekretär, Beamten usw. mit der Trade Union geschlossenen Verträge gezählt werden. Ihre Entstehung leitet sich her aus der Unmöglichkeit und Unzweckmäßigkeit geordneten, kollektiven, physischen Handelns großer Arbeitermassen. Für sie treten daher Bevollmächtigte und Komitees ein, welche nach dem

[1] Vgl. Königl. Kommissionsbericht 1906 p. 71 und folgende.
[2] Pennant p. 26—27.

Umfange der ihnen auf Grund von Art. 4 der bereits früher erwähnten Schedule 1 der 1871er Akte übertragenen Befugnisse, die Vermögensverwaltung in der Hand haben und Fragen von mehr oder weniger Wichtigkeit, je nach dem Organisationscharakter der Union, ohne Beschlußfassung des Gesamtkörpers entscheiden, sowie für eine rechtmäßige Ausübung ihrer Funktionen der Union verantwortlich sind. Da der Beamte oder Agent aber nicht in Diensten der Union als solcher, d. h. als Persönlichkeit steht oder stehen kann, so bewegt sich seine Autorisation zum Handeln auch nur innerhalb der ihm von allen Mitgliedern individuell gezogenen Grenzen; mit anderen Worten: jedes individuelle Mitglied wird Kontraktpartei und regreßpflichtig, z. B. für den Gehalt des von allen ernannten Beamten. So wenigstens lautet das Recht des Common Law, das wir immerhin heute noch als maßgebend erachten müssen, da die Gewerkvereinsgesetze sich über diesen Punkt nicht auslassen und richterliche Entscheidungen nicht vorliegen. —

Damit wären im wesentlichen die Betrachtungen über die Kontraktfähigkeit der Trade Unions erschöpft. Kurze Zeit nach dem Taff Vale-Urteil diktierten einige Autoren zwar den Gewerkvereinen unbeschränkte Kontraktfähigkeit zu, eine Auffassung, die jedoch in der gesetzlichen Zwitterstellung der Unionen ihre Entschuldigung suchen darf; ganz abgesehen davon, daß eine Korporation ohne weiteres keineswegs unbegrenzte Rechte in dieser Hinsicht besitzt, sondern erst durch besondere gesetzliche Bestimmungen oder durch ihre eigene „charter“ zugesprochen erhält. Die bedingte Kapazität der Gewerkvereine, mit Dritten in ein rechtliches Kontraktverhältnis zu treten, ist aber durchaus nicht eine unbestrittene, insofern nämlich, als die Frage aktuell wird, ob die Trustees oder die Mitglieder insgesamt oder die Union als solche, d. h. in ihrem registrierten Namen Kontraktpartei bilden sollen und können. Es gibt Stimmen genug, welche den ganzen Streit als einen bloßen Formenstreit hinstellen, und die heutige Verklagbarkeit der Union, sowie die Haftbarkeit ihrer Fonds(!), legen in der Tat diesen Gedanken sehr nahe. Verträge mit Bezug auf das „property“ eines Gewerkvereines dürfen allerdings laut Gesetz (Section 7, 8, 9 Trade Union Act 1871) nur von den Trustees als Eigentümern desselben geschlossen werden. Welche Verträge nun aber wiederum unter diesen Begriff fallen, das zu entscheiden, bereitet zuweilen die größten Schwierigkeiten. So erhob sich vor einigen Jahren ein heftiger Streit um das literarische Organ eines Gewerkvereines, eine im Namen der Trustees registrierte Zeitung[1]. Mit wem

[1] Pennant p. 80. Linaker v. Pilcher (1901, 70 L. J. K. B. 396).

schließen Redakteur, Schriftsteller, Wiederverkäufer usw. den Vertrag, und ist sie selbst als Vermögensobjekt der Sozietät zu betrachten? Der Gerichtshof bejahte die letztere Frage, verurteilte die Trustees wegen einer in der Zeitung enthaltenen Schmähung zu Schadenersatz und erklärte sie ihrerseits für berechtigt, Ersatz der Strafsumme von der Union zu verlangen, — was vollkommen korrekt war, so eigenartig es auch erscheinen mag. Denn erstlich liegt in der Funktion der Trustees, als Rechtspartei aufzutreten, gerade die Absicht des Gesetzgebers ausgedrückt, sie vor persönlicher Haftung zu beschützen, und anderseits hat unser Klagefall einen Kontrakt zur Basis, der zweifellos das „property" nur indirekt berührt, daher ebensogut von den Mitgliedern geschlossen werden könnte. Die Praxis lehrt jedenfalls, bei allen Schadenersatzklagen wegen Kontraktbruch die Trustees mit einzubeziehen, um das Urteil auch für sie bindend zu machen.

Viertes Kapitel.

Das Fondswesen der Gewerkvereine, die Frage ihrer Haftbarkeit und Gesetzlichkeit.

Literatur.

Allgemeine.

1. D. F. Pennant, Trade Unions and the Law. London 1905. Chap. IV—VI.
2. Report of the Royal Commission on Trade Disputes and Trade Combinations. London 1906. (Cd. 2825.)
3. G. F. Assinder, The Legal Position of Trade Unions. London 1905. Chap. II, 3.
4. Cohen and Howell, Trade Union Law and Cases. London 1901.
5. W. Guthrie, The Law of Trade Unions in England and Scotland. Edinburgh 1873.
6. Warwick and Draper, Trade Unions and the Law. London 1906.
7. Seventh-Eight-Tenth-Eleventh and Final Report of the Commissioners appointed to inquire into the Organisation and Rules of Trades Unions and other Associations. London 1867/68 (with Minutes of Evidence).
8. The Larceny Act 1868. 31—32, V. 116.
9. The Falsification of Accounts Act, 1875. 38—39, V. 24.
10. The Trade Union (Provident Funds) Act, 1893. 56—57, V. 2.
11. The Trade Disputes Bill 1906.
12. Friendly Societies Act, 1896. 62—67.
13. Collecting Societies Act, 1896. Sect. 13.
14. H. Ruegg and H. Cohen, The Present and Future of Trade Unions. London 1906.
15. Seton Jevons, The Law of Trade Unions. London 1906.
16. Richard Bell, Trade Unionism. London 1907.

Einzelne Fragen.

1. W. E. Weyl, Benefit features of British Trade Unions. (Bulletin of the Department of Labor. Washington 1906 May.)

Zeitschriften und Zeitungen.

I. The Law Quarterly Review. London.

1. Frederick Pollock, Liability for the Torts of Agents and Servants. 1885.
2. Charles Sweet, Trusteeship and Agency. 1892 July.
3. Watson Evans, The Trustee Act 1888. 1890 January.
4. W. Jethro Brown, The Personality of the Corporation and the State. 1905 Oktober.

II. The Quarterly Review. London.

1. Trade Unions and the Law. April 1906, Art. IX.

III. The Saturday Review. London.

1. July 10, 1869. Trade Unions.
2. January 13, 1903. The Outlawry of Trade Unionism.
3. February 13, 1904. The Legal Attack on Trade Unions.
4. April 30, 1904. The Trade Union Rally.
5. March 18, 1905. The Position of Trade Unions.
6. February 10, 1906. The Trade Union Settlement.

IV. The Board of Trade Labour Gazette. London 1900—06.

„Die Akte von 1871 entstand ohne Zweifel in der Absicht, Schatzmeister, Sekretäre und Beamte dieser Sozietäten zu hindern, sie zu berauben" — äußerte Lord Jessel im Jahre 1880, als er über den Hauptzweck des Gewerkvereinsgesetzes befragt wurde. — Und in der Tat liegt die Bedeutung desselben vornehmlich darin, in Section 12 den Fonds denjenigen vermögensrechtlichen Schutz gewährt zu haben, den andere Sozietäten schon lange als ein gutes Recht genossen[1]. Müßig ist deshalb der Streit, ob der Gesetzgeber die Immunitätsfrage oder Legalisierung der Gewerkvereine mehr in den Vordergrund gerückt hat; die eine ohne die andere ist nicht denkbar. Soll immerhin eine Unterscheidung Platz greifen, so ist zu betonen, daß die Legalisierung alle, die Immunitätsgesetzgebung nur eine beschränkte Zahl, nämlich die registrierten, umspannt.

Bis zum Jahre 1824, das mit der Aufhebung der Combination Laws für kurze Zeit die Fesseln der Arbeit lockerte, waren alle Fondsansammlungen der Trade Unions für irgendwelche Zwecke, als Maßnahmen einer strafbaren Vereinigung von Arbeitern, ohne gesetzlichen Schutz; ein Zustand, der

[1] Section 12: Wenn irgend ein Beamter, Mitglied oder andere Person, welche Mitglied eines unter dieser Akte registrierten Gewerkvereines ist oder sich als ein solches repräsentiert, oder wenn der Designierte, Vollstrecker, Administrator oder Bevollmächtigte eines seiner Mitglieder oder irgendeine andere Person durch falsche Darstellung oder Betrug in den Besitz irgendwelcher Gelder, Obligationen, Bücher, Papiere oder anderer Effekten solchen Gewerkvereines gelangen, oder wenn in ihrem Besitz befindlich, sie dieselben vorsätzlich vorenthalten oder in betrügerischer Weise mißbrauchen oder absichtlich einen Teil derselben für andere Zwecke als die in den Satzungen des Gewerkvereines oder eines Zweiges niedergelegten oder vorgeschriebenen verwenden, so ist der Gerichtshof befugt, im summarischen Verfahren .... solch Beamten, Mitglied oder andere Person zur Zurückerstattung dieser Gelder, Papiere usw. oder zur Zurückzahlung des zu unrecht verwendeten Geldbetrages, und wenn der Gerichtshof es für nötig erachtet, zur Zahlung einer weiteren Geldsumme nicht über 20 £ zu verurteilen, zusammen mit den nicht über 20 sh. steigenden Kosten, widrigenfalls ..... besagte Person mit Gefängnis oder Zuchthaus bis zu drei Monat bestraft werden soll.

mit einigen unwichtigen Ausnahmen noch weitere dreißig Jahre andauern sollte, sofern man für diese Periode überhaupt von einem klaren, feststehenden Rechte reden kann. Als daher 1854 Mr. Sotheron Estcourt den Auftrag erhielt, mit einer besonders gewählten Kommission die von ihm entworfene Bill über die Friendly Societies weiter auszuarbeiten, wiesen einige Vertreter der Gewerkvereine dringend auf die Schutzlosigkeit ihrer Sozietäten in vermögensrechtlicher Beziehung hin. Die Regierung trat auch mit ihnen in Verhandlungen ein, als deren Ergebnis eine Klausel in die 1855er Akte eingefügt wurde, durch welche man den Forderungen der Unionen gerecht zu werden glaubte. Vorbedingung war Registration beim Friedensrichter. Aber schon nach zehnjährigem Bestehen bot diese Klausel infolge mannigfaltiger, sich oft widersprechender Auslegungen nicht mehr den geringsten Schutz. Die Folge war eine organisierte Agitation der Arbeiter, welche schließlich gegen Ende der 60er Jahre zu einer gesetzlichen Regelung des Streitobjektes in der temporären Trade Unions Funds Protection Act von 1869 führte und zwei Jahre später in der 71er Akte zum vorläufigen Abschluß gebracht wurde.

Das Common Law kennt einen Eigentumsdiebstahl unter Gesellschaftern überhaupt nicht[1], und erst der Recorder's Act von 1868 war es vorbehalten, wirksame Strafbestimmungen einzuführen, aber — und das ist wesentlich — der Begriff des Schadenersatzes war ihr noch fremd. Dieser Tatbestand hat nun zu der irrigen, wenn auch oft vertretenen Ansicht geführt, daß die Fonds vor Inkrafttreten ihrer Schutzgesetze sozusagen vogelfrei gewesen waren und, um den Ausdruck eines Lordrichters zu gebrauchen, von jedermann „weggegrapst" werden konnten. Dementgegen galt vielmehr der Satz: Ist die Union zwar ungesetzlich, ihre Zwecke aber gesetzlich, so genießen die Mitglieder den Schutz ihrer eingezahlten Gelder. „Mit bezug auf ihre Vermögensrechte", sagt der Kommissionsbericht von 1869, „werden sie (die Trade Unions) nicht direkt berührt von den Zwecken der Gesellschafter: aber da die Unionen mit Hilfe von Vereinbarungen operieren und die Gültigkeit dieser Verträge abhängt von der Gesetzlichkeit der mit ihrer Hilfe verabredeten Zwecke, so können die Zwecke der Union indirekt die Rechte der Mitglieder mit Bezug auf das Gesellschaftsvermögen der Union affizieren. Demgemäß haben die Mitglieder gesetzlicher Unionen dieselben Rechte am Vermögen derselben wie andere Leute am Gesellschaftsvermögen. Mitglieder von Unionen für ungesetzliche Zwecke haben kein Recht auf den Beistand der Gerichte für die Erfüllung der ungesetzlichen Zwecke, aber für alle anderen, mit

[1] Stephen, History of the Criminal Law of England. Vol. III, p. 145—166. Cohen and Howell, Trade Union Law and Cases p. 116—18.

Ausnahme der ungesetzlichen, sind sie in derselben Lage wie Mitglieder von Unionen für gesetzliche Zwecke". — Der erste Teil des oben aufgestellten Satzes hat heute seine Bedeutung verloren, der Nachsatz nur bedingten Wert, da, wie früher auseinandergesetzt, die Registration ungesetzliche Zwecke von vornherein ausschließt; Beachtung gebührt ihm daher nur noch für die nichtregistrierten Gewerkvereine. —

Die Recorder's Act, auch Larceny Act genannt, blickt auf eine sehr merkwürdige Geschichte[1] zurück. Anfangs eingebracht, um den Handelsgesellschaften gegen die sich damals in erschreckender Weise mehrenden Unterschleife ihrer Beamten und Mitglieder Hilfe zu gewähren, wurden die Vertreter der Arbeiterschaft bei den Debatten im Hause der Commons auf die Bestimmungen des Gesetzes, welche sich sehr wohl in ihrer Wirkung auf die schutzlosen Trade Unions Funds, als „joint beneficial owners" gehörig, erstrecken ließen, aufmerksam. Sie setzten sich daher mit dem Urheber der Akte, Mr. Russell Gurney, in Verbindung und fanden bei ihm allerdings die Bestätigung ihrer Vermutung, doch zugleich mit dem wohlmeinenden und charakteristischen Rat, vorläufig keinerlei Schritte zu unternehmen, sondern zunächst noch in der — wie er sich ausdrückte — „verhüllenden Wolke" — zu verharren, anderenfalls bei den dann erneuten Untersuchungen der Königlichen Kommission sehr leicht das ganze Gesetz in Frage gestellt werden könnte. Inwieweit diese Annahme gerechtfertigt war, mag dahingestellt bleiben, jedenfalls befolgten die Arbeiterdelegierten den Wink mit dem Erfolg, daß schon im nächsten Jahre und weiterhin bis zur Inauguration des Gewerkvereinsgesetzes die Akte stillschweigend auf registrierte wie nichtregistrierte Unionen unterschiedslos in Anwendung gebracht wurde.

Ist durch die Trade Union Act von 1871 das Wirkungsgebiet der Recorder's Act auch nach einer Seite auf die nichtregistrierten Unionen beschränkt worden, so sind immerhin Fälle möglich, in denen die registrierten auf sie zurückgreifen müssen[2], d. h. nur eine Klage auf Freiheitsstrafe, nicht aber auf Schadenersatz anstrengen können. Denn erstlich bleibt bei sehr vielen Labour Unions und Trades Councils die Möglichkeit einer Registrierung überhaupt zweifelhaft, und anderseits wird diese selbst sehr oft durch Unregelmäßigkeiten bei der Eintragung, die sich dann im Verlaufe eines Prozesses herausstellen, annulliert. So hatte, um nur ein Beispiel zu zitieren, im Jahre 1894 die Vereinigte Ilkstone and District Hosiery Union ihren Schatzmeister wegen Unterschlagung regreßpflichtig gemacht, wurde jedoch abgewiesen, da der Angeklagte

[1] Cohen and Howell, Trade Union Law and Cases p. 7—9.
[2] Neue Larceny Act 1901.

Gelder des, wie die Untersuchung erwies, als solchen nicht registrierten Hauptvereines veruntreut hatte, obwohl jede einzelne der beiden Unionen im Besitze des Zertifikates war. Das Urteil lautete daher nur auf Gefängnis. —

Eine Ergänzung findet das 68er Gesetz in der Falsification of Accounts Act von 1875. Zwar von allgemeinem Charakter, dehnt sich ihre Kompetenz doch vorwiegend auf die nichtregistrierten Gewerkvereine aus bei böswilligen, absichtlichen Unterschleifen, Fälschung von Dokumenten, Büchern, Rechnungen usw., sofern die beklagte Person in ihren (bezahlten) Diensten gestanden hat. —

Alles in allem wird schon nach diesen kurzen Umrissen die Lage der unregistrierten Trade Unions als wenig günstig anzusehen sein, was in anderen Beziehungen noch deutlicher in die Erscheinung tritt. So, wenn Section 7 des Gesetzes von 1871 den registrierten und ihren Zweigvereinen das Recht einräumt, im Namen der Trustees Land nicht über 1 Acre zu zu erwerben, d. h. zu kaufen, verkaufen (beide Begriffe im vulgären Sprachgebrauch genommen, d. w. s. Schenkungen, Vererbungen fallen nicht darunter, sondern nur Geldkäufe), ferner zu pachten usw., und wenn sie laut Section 1 der (Provident Funds) Trade Unions Act 1893 Befreiung der „provident benefits" von der Einkommensteuer genießen, das sind Zahlungen an ein krankes, arbeitsunfähiges (auch durch eigenes Verschulden), arbeitsloses Mitglied oder in der Form von Alters-, Unfall-, Invalidenrente, Sterbegeld an hinterbliebene Frau und Kinder, Diebstahl- und Feuerversicherung der Werkzeuge, — soweit der Anspruch eines Mitgliedes statutarisch die Totalsumme von 200 £ oder eine Jahresrente von 20 £ nicht übersteigt. — Alle diese Privilegien fallen für die nichtregistrierten Gewerkvereine fort, sie unterstehen noch immer der Herrschaft des Common Law, nur mit dem Unterschied, nicht mehr als ungesetzlich zu gelten.

Es ist nicht zu leugnen, daß die Recorder's Act den Trade Unions im Verhältnis zu dem vorangegangenen Jahrhundert ein immerhin namhaftes Mittel in die Hand gegeben hatte, den Schutz ihrer Fonds zu verstärken. Trotzdem galt sie den Führern der Bewegung nicht mehr und nicht weniger, als die Probe auf ein bald, in einer speziellen Trade Unions Act zu fixierendes, ausdrückliches, bedeutend zu erweiterndes Recht. Wir müssen bedenken, daß die Beratungen der Königlichen Kommissionen von 1867 (scil. zur Recorder's Act) und 1869 mit der temporären Trade Unions Funds Protection Act als vorläufigem Resultat einander parallel gingen und die allgemeine Aufmerksamkeit der weitesten Kreise auf sich zogen. Es galt hier zunächst ein Befreiungswerk zu vollbringen, dessen gute oder schädliche Folgen erst die Zukunft aufdecken konnte. Nichts war daher natürlicher, als daß die großen prinzipiellen

Fragen, welche heute im Vordergrund des Kampfes und Interesses stehen, wie die Haftbarkeit der Trade Unions Fonds und ihrer Agenten, wenig oder gar keine Beachtung fanden, sondern da, wo man sie von einzelner Seite zur Diskussion stellte, mit dem gefährlichen Hinweis auf die Registration zum Schweigen gebracht und zu einer Zeit, in der das Fondswesen der Gewerkvereine erst in langsamer Entwickelung begriffen war, einfach beiseite geschoben wurden. Die 1871er Akte hat nicht weniger ihren Schutz bezweckt, als das Wachstum und die Kraftentfaltung der Fonds hervorgerufen, begünstigt. Der aufmerksame Leser der in ihrer Art einzig dastehenden Webbschen Schilderung der Geschichte der englischen Gewerkvereine und ihrer Theorie und Praxis darf nicht mit Stillschweigen über die Tatsache hinweggehen, daß alle Streiks der Arbeiter vor und nach der hier behandelten Periode elend zu ihren Ungunsten gescheitert wären, hätten sie sich allein gestützt auf die eigenen, ihnen zur Verfügung stehenden minimalen Mittel. Der Sieg winkte nur da, wo Hunderte und Tausende von Arbeitern anderer Berufszweige und in höchster Potenz das Publikum, die Allgemeinheit, die Partei der Streikenden ergriff und ein Scherflein zur Unterstützung beitrug. Konnte und sollte der Gesetzgeber Abhilfe schaffen, ehe er Wirkungen. eine derartige Entwicklung des Fondswesens sah? — Ist ferner nicht heute noch gerade in England, infolge größerer Freiheit richterlicher Interpretation, die öffentliche Meinung ein maßgebender Faktor der Urteilsbildung? — Kurz, es liegt kein stichhaltiger Grund vor und keine Berechtigung, die Immunitätsgesetzgebung der Gewerkvereine von 1868, ja 1854 bis 1871, als eine rudis indigestaque moles von judge-made-laws zu schelten oder Parteiinteressen herauszulesen. Was war erklärlicher, als daß die Arbeiter, welche der Königlichen Kommission ihre Beschwerden und Wünsche vortrugen, die Haftbarkeit der Trade Union mit keiner Silbe erwähnten, und wenn befragt, sich sicherlich mit aller Macht dem widersetzt hätten? Sie wünschten zwar gesetzlichen Schutz, aber im übrigen möglichst wenig Berührung mit den Gerichten. —

Vor diesen Schwierigkeiten stand die Königliche Kommission. Ungesetzlich durften die Gewerkvereine nicht länger bleiben, ihnen Korporationscharakter beizulegen, wollte man sich nicht verstehen, hielt man für verfrüht und wurde im letzten Grunde auch von keiner Seite gewünscht[1]. Man

[1] Ruegg and Cohen p. 6. Minoritätsbericht der Königlichen Kommission 1869 p. 59. Ansichten von Hughes, Harrison über die Legalisierung der Trade Unions und ihre Fähigkeit zu klagen oder verklagt zu werden. Daselbst mit Bezug auf letztere Streitfrage der charakteristische Satz: We are inclined to believe that the time has not yet come, if it ever come, for any such statute.

entschloß sich daher, mittelst der Registration ein Kompromiß herbeizuführen, um ihnen auf diese Weise Rechte und Pflichten zu übertragen, welche bis zu einem gewissen Grade denen einer Korporation ähnelten. Man konnte damit allerdings dem hie und da auftauchenden gefährlichen Irrtum, nunmehr in den Gewerkvereinen wirkliche Korporationen zu sehen, nicht überall entgegentreten, obwohl nach englischem Recht einer Sozietät der Korporationscharakter nur von Krone und Parlament im Wege der Gesetzgebung verliehen wird. Der von der Minorität gestellte Antrag, die Registrierung allen Unionen zur Pflicht zu machen, drang nicht durch, und da das 1871 in Kraft getretene Gewerkvereinsgesetz für die Beantwortung der angedeuteten Streitfrage keinerlei positive Anhaltspunkte bot, zog bis zum Eintritt der Reaktion im Jahre 1901 jede Partei aus dem Schweigen der Gesetzgebung die für sich günstigsten Schlußfolgerungen.

Opinio communis war, daß trade societies weder klagen noch verklagt werden könnten. Wenn nun heute eine Anzahl hervorragender Kenner der englischen Gesetzgebung behauptet, schon damals einen anderen Standpunkt vertreten zu haben, so ist einesteils zu verwundern, daß von dieser Seite kein Versuch gemacht wurde, die öffentliche Meinung und vor allem die am meisten dabei interessierten Kreise der Gewerkvereine über einen so gefährlichen Irrtum aufzuklären, anderenteils bestätigen sich damit unsere obig gemachten Ausführungen über die Wertschätzung solcher Betrachtungen in den 70er und 80er Jahren des vorigen Jahrhunderts. Ungeachtet dieser mehr oder minder falschen oder richtigen Vorstellungen, unter denen die ebenfalls weit verbreitete Ansicht, der Gesetzgeber habe vergessen, diesen Punkt überhaupt in seine Debatten einzubeziehen, um dann dreißig Jahre später einen Präzedenzfall Gesetzeskraft erlangen zu lassen, noch am meisten berechtigt und glaubwürdig erscheint [1], war man in den 90er Jahren bereits zu der weiteren Folgerung gekommen, in eventuellen Fällen den verantwortlichen Beamten, also in erster Linie den Mitgliedern des Exekutivkomitees, welche tatsächlich und im Namen der Union handelten, die Fähigkeit zuzusprechen, als Kläger oder Beklagte aufzutreten. Ob diese Organe jedoch nur mit ihrem eigenen Vermögen oder mit dem des Vereins oder mit beiden hafteten, darüber wurde keine Einigung erzielt.

Alle diese Träume und Vermutungen sollte der berühmte Taff Vale Case zerstören. Im August des Jahres 1901 brach unter den Arbeitern der Taff Railway Company ein Streik aus. Am 20. richtete der uns schon bekannte Generalsekretär der Amalgamated Society of Railway Servants, Bell, an den

[1] Man sucht in der Tat vergeblich nach diesbezüglichen Andeutungen in den Debatten beider Häuser von 1871.

Direktor der Railway Company ein Schreiben, worin er die Handlungsweise der Unionsarbeiter rechtfertigte und gleichzeitig mitteilte, daß alle Verhandlungen durch ihn, im Namen der Union geführt werden würden. Demgegenüber traf die Railway Company sofort Maßnahmen, neue Arbeiter einzustellen, die sich auch in großer Menge in Cardiff meldeten. Um daher den Streik wirksamer durchzuführen, organisierte der Gewerkverein ein umfangreiches Streikpostenstehen. Bell ließ außerdem ein unter dem Namen „Blackleg Circular“ bekanntes Schriftstück unter den Streikbrechern zirkulieren, in welchem er diese aufforderte, nicht in den Dienst der Railway Company zu treten, wollten sie nicht als „Gauner“ angesehen werden, sondern sich an die Adresse des Generalsekretärs um Auskunft, Beschäftigung und Unterstützung zu wenden. Am 30. August errang die Gesellschaft in erster Instanz ein Inhibitorium gegen das „picketing“, sowie Anerkennung eines Schadenersatzanspruches von 23 000 £ und schließlich die lordrichterliche Entscheidung, daß ein Gewerkverein in seinem registrierten Namen verklagt werden könne, d. h. m. a. W. mit seinen Fonds für die Handlungen seiner Agenten und Beamten hafte. „Obwohl“, so lautet die Urteilsbegründung, „eine Korporation und ein oder mehrere Individuen die einzigen Wesen sein mögen, welche als dem Common Law bekannt, klagen oder verklagt werden können, so ist die Gesetzgebung doch kompetent, einer Assoziation von Individuen, welche weder eine Korporation, noch eine Genossenschaft, noch ein Individuum ist, die Fähigkeit zu geben, Eigentum (Vermögen) zu erwerben und durch Agenten zu handeln; und solch eine Kapazität, in Abwesenheit einer ausdrücklichen Gesetzesverordnung, schließt notwendig das Korrelativ der Haftbarkeit mit dem gesamten Vermögen für die Handlungen und Verfehlungen solcher Agenten in sich — mit anderen Worten, die Haftbarkeit, in ihrem registrierten Namen verklagt zu werden.“ Der Appellationsgerichtshof war zwar gegenteiliger Ansicht; sein Urteil wurde jedoch vom Hause der Lords verworfen mit der Begründung, „daß, selbst wenn eine Trade Union in ihrem registrierten Namen nicht verklagbar sei, so doch sicherlich das Exekutivkomitee und die Trustees; beide wären mit den Unionsfonds für alle Kosten und Schäden aus einem obsiegenden Urteil des Klägers regreßpflichtig; der Court of Appeal hätte zudem die Haftbarkeit des Gewerkvereins für unrechte Handlungen seiner Mitglieder oder Agenten durchaus nicht geleugnet, sondern nur die Verklagbarkeit desselben in seinem registrierten Namen für unzulässig erklärt.“ — Aber auch dabei blieb die Lord Lindleysche Argumentation noch nicht stehen, sondern stützte sich weiterhin, unter der Voraussetzung absichtlichen Schweigens der Gesetzgebung, auf die Tatsache, derzufolge nach Sect. 6

der Companies Act von 1862 sieben oder mehr Personen registriert werden können, um eine inkorporierte Company mit oder ohne Haftung zu bilden. Der erste Teil dieser Sektion wurde nun von der Trade Union Act 1871 übernommen, der zweite dagegen ausgelassen. Wohl hatten sich bei den Parlamentsverhandlungen einige Stimmen der Inkorporierung der Gewerkvereine nicht abgeneigt gezeigt, die überwiegende Mehrzahl und unter ihr die Arbeitervertreter, war aber entschieden dagegen. Aus allen diesen Gründen ist es unschwer zu verstehen, wenn viele der bedeutendsten Rechtslehrer dem ganzen Taff Vale Streit jedwede andere tiefere Bedeutung, außer der eines bloßen Formenstreites absprachen. Daher denn von mancher Seite der naheliegende Wunsch ausgedrückt wurde, der Gesetzgeber möge auf dem einmal betretenen Wege einen Schritt weiter gehen, die Trade Union zu einer Gesellschaft mit beschränkter Haftung machen und damit den Mitgliedern einen gesetzlichen Anspruch am Vereinsvermögen gewähren, statt sie als halb-korporative Sozietäten mit unbegrenzter Haftpflicht ihrer Mitglieder bei unzureichenden Fonds erscheinen zu lassen. — Doch fragen wir nunmehr nach Rechtfertigungsgründen der Taff Vale Entscheidung [1]. —

Wenn der Appellationsgerichtshof sich darauf berief, daß die Trade Unions Act von 1871 [2] sich in keiner Weise über die Haftbarkeit der Fonds auslasse, so war das nicht zu bestreiten, bewies aber nicht im geringsten eine gesetzlich stillschweigend sanktionierte Integrität der Arbeitervereine. Theoretisch und dem Gerechtigkeitsgefühl folgend, waren und sind sie wie ihre Mitglieder dem allgemeinen Haftpflichtgesetz unterworfen. Eine Einzelperson wäre in einer Klage wie oben zur Leistung von Schadenersatz rechtlich verpflichtet, gezwungen gewesen. Waren aber in den Augen des Common Law die Trade Unions je etwas anderes, als ein Aggregat von Individuen? —

Deshalb nun alle individuellen Mitglieder vor den Richterstuhl ziehen zu wollen, war und wäre erst recht bei der heutigen Größe der Vereine eine törichte und unausführbare Forderung gewesen. Wurde diese nur bei kleinen Vereinen mit wenigen Mitgliedern mögliche Art der Vermögensexekution trotzdem selten genug realisiert, so bedeutete das nicht die Einräumung oder Anerkennung einer Sonderstellung für Gewerkvereine, als vielmehr die Kennzeichnung einer unzulänglichen Prozeßordnung, welche den Höfen des Common Law eine Schadenersatzklage nur aufrecht zu erhalten gestattete gegen eine oder mehrere Personen, die wirklich als benannte

---

[1] Pennant p. 106—109. Assinder p. 16—18.

[2] Ausführliche Urteilsbegründung der Lordrichter bei R. Bell, Trade Unionism p. 37—49.

Beklagte in der Anklageschrift auftraten, also keine Vermögensobjekte exekutiert werden konnten, die nicht Eigentum dieser Personen waren. Die Schwierigkeiten mußten sich erklärlich mit der Größe der Trade Unions mehren, die Anführung und Aufzählung so gewaltiger Mitgliederzahlen war, wie gesagt, praktisch unmöglich, unmöglich, sie alle zu Beklagten zu machen und drittens daher unmöglich, diese Assoziationen mit ihrem Vermögen, als unterschieden von dem ihrer individuellen Mitglieder, haften zu lassen. Darin lag der Übelstand, der Abhilfe verlangte, und wofür zwei Wege offenstanden. Des einen, der Inkorporierung, ist bereits Erwähnung getan, der zweite und tatsächlich eingeschlagene führte zu einer Verleihung von speziellen Machtbefugnissen zu klagen und verklagt zu werden, verbunden mit einer Milderung der Prozeßordnung, welche es einigen wenigen Mitgliedern gestattete, eine große Masse zu vertreten und für sie rechtsverbindliche Entscheidungen zu erlangen. Leider — das ist der springende Punkt — bezog sich die letztgenannte Erleichterung ausschließlich auf die Kanzleigerichte, die sogenannten Courts of Chancery und war auf Kontraktfälle beschränkt. Das hatte zur Folge, daß alle Unrechtsklagen unter die Kompetenz der Common Law Höfe mit ihrem veralteten Verfahren fielen, und die Gewerkvereine in Praxi weiterhin für die Handlungen ihrer Mitglieder und Agenten unverantwortlich blieben. Die Courts of Chancery kamen zudem für sie schon deshalb nicht in Betracht, als vor 1871 alle Assoziationen wegen ungesetzlichen „restraint of trade“ bindende Verträge weder mit ihren Mitgliedern, noch Außenstehenden schließen und augenscheinlich nach dem Common Law als Kläger oder Beklagte überhaupt nicht fungieren konnten. —[1] Das war der verhängnisvolle Punkt, von dem ausgehend die Indemnität der Trade Unions für Unrechtsfolgen aus Handlungen ihrer Mitglieder und Organe konstruiert wurde . . . . „Es tritt immer mehr zutage, daß die Annahme einer besonderen Ausnahmestellung der Gewerkvereine in Unrechtsklagen ein bloßes Mißverständnis ist, das auf keiner anderen Begründung beruht, als auf langer praktischer Immunität, welche das Resultat von Mängeln in dem allgemeinen gesetzlichen Verfahren war“, — sagt der Report der Kommission von 1906. —

Die hier soeben erörterte Frage, sowie ihre Begleiterscheinungen, wurden beim Passieren der Bill von 1871 im Parlament nicht diskutiert. Ob man sie übersah, ob man ihre Bejahung oder Verneinung für selbstverständlich hielt, ist heute nicht mehr zu erkennen. Jedenfalls stützte sich das

---

[1] Vgl. Königl. Kommissionsbericht 1906; desgl. Ruegg and Cohen p. 14—17. The Commissioners' View.

Taff Vale Urteil — und das sollte hier nur festgestellt werden — auf eine nicht zu erschütternde Doktrin, unabhängig von der Legalisierung der Gewerkvereine und unbeachtet des Schweigens der Trade Unions Act. — [1]

Die Gegner der Lindley'schen Argumentation fühlten sich hauptsächlich durch den Fall Temperton v. Russell von 1893, der die Repräsentativkapazität dreier Unionsbeamten in einer Klage leugnete, in ihrer Auffassung bestärkt[2], zumal sich ein Jahr darauf vier Mitglieder der „Royal Commission on Labour" ebenfalls ganz in ihrem Sinne folgendermaßen äußerten: „Ein der Kommision von mehreren Zeugen gemachter Vorschlag scheint uns dem schwersten Einwande offen. Nämlich, daß es wünschenswert sei, die Trade Unions für haftbar zu erklären, wenn sie von irgend einer Person verklagt werden, welche eine Beschuldigung gegen ihre Beamten oder Agenten erhebt. Die großen amalgamierten Sozietaten des Landes mit ihren angesammelten Fonds, die zuweilen eine Viertel Million Sterling erreichen, einer Schadensersatzklage seitens irgend eines Arbeitgebers in irgend einem Teile des Landes oder seitens irgend eines unzufriedenen Mitgliedes oder Non-Unionisten für die Handlung irgend eines Zweigsekretärs oder Delegierten auszusetzen, würde eine große Ungerechtigkeit sein. Wenn jede Union haftbar wäre und so beständig von Klagen wegen Handlungen individueller Mitglieder verfolgt würde, wenn auf diese Weise die Trade Unions Fonds durch Gerichtsgebühren und -Kosten, wenn nicht durch Schadensersatz oder Strafgelder entleert werden, dann wird es bald dahinkommen, daß der Trade Unionismus außer für die am meisten begünstigten und erfahrenen Handwerker unmöglich gemacht ist. Die gegenwärtige Freiheit der Trade Unions vor jedem Eingriff der Gerichtshöfe — anomal wie es den Juristen erscheinen mag — wurde nach langem Kampfe und Parlamentarischer Agitation im Jahre 1871 zugestanden und endgültig Gesetz im Jahre 1876 (?)[3] Jeder Versuch, diese hart gewonnene Charter zu widerrufen oder in irgend einer Weise zu rühren an dem freiwilligen Charakter dieser Assoziationen, würde nach unserer Meinung den erbittertsten Widerstand von seiten der gesamten Trade Unionistenwelt

[1] Vielfach bestritten.

[2] Nach Lord Macnaghten war Temperton v. Russell ein absurder Fall. Die damals als Vertreter der verschiedenen mit einer Anklage bedrohten Gewerkvereine ausgewählten Personen waren gegen jede Regel und jedes Prinzip beliebig herausgegriffen worden. Sie waren weder Führer der Union, noch hatten sie eine Kontrolle der Geschäfte. — Diese technischen Mängel lagen im Taff Vale-Streit nicht vor.

[3] Dieser zur damaligen Zeit weit verbreitete und auch in einzelnen Entscheidungen zum Ausdruck gebrachte Irrtum ist zurückzuführen auf eine falsche Auslegung der in Sect. 16, Trade Union Amendment Act 1876, gegebenen Gewerkvereinsdefinition.

hervorrufen und von jedem Gesichtspunkte aus (?) unerwünscht sein.“ — Soweit die Herren Abraham, Austin, Maudsley und Tom Mann, — der Versuch einer Beweisführung an der Hand von Tatsachen wird nicht angestellt, ein langer moralischer Entrüstungsschrei gegen die Anmaßungen des Kapitals, das ist alles. Die Antwort der Gegenpartei ließ denn auch nicht auf sich warten, sondern fand treffenden Ausdruck in den Worten eines uns leider nicht mehr bekannten Autors: „Es gibt keine so elementare, universelle Gesetzesregel als die, daß der Unrechttuer für seine Tat schuldig ist. Wenn die Trade Unions davon eine Ausnahme bilden, so ist das die einzige und muß beseitigt werden.“ —

Das Haus der Lords hatte bei der Urteilsbildung sicherlich nicht so sehr seiner theoretischen Überzeugung nachgegeben, als Grundsätze der allgemeinen Gerechtigkeit und Billigkeit sprechen lassen. Hatte auch das Kapital Jahrhunderte lang die Oberhand gehabt, so durfte doch die Sympathie für die schwächeren Elemente nicht in das gegenteilige Extrem umschlagen. Selbst ein Gewerkvereinsführer wie Tillett warnte vor der nahestehenden Gefahr, daß das Individuum seine Selbstverantwortlichkeit einschränke, um sich hinter der Union zu verstecken. Gewiß brachte das Gesetz große Härten für den Arbeiter mit sich, wenn er Krankengeld, Pension usw., kurz alles mit einem Schlage verlieren sollte wegen eines Streites oder Streiks, den er vielleicht nicht einmal gebilligt hatte, den zu verhindern er aber machtlos ist, — anderseits jedoch auch die nicht zu unterschätzende Gefahr, welche aus einem skrupulösen Gebrauch gewaltiger Geldsummen in den Händen einer leitenden Arbeiteraristokratie erwachsen konnte und tatsächlich erwuchs. Die Rechte der Arbeiter, sagt Assinder, werden heute an allen Straßenecken proklamiert. Gewiß gibt es mancherlei dunkle Punkte in dieser Gesetzgebung, die im Interesse der beiden Gegner geklärt werden müßten. Immerhin ist unsere Zeit leicht geneigt zu vergessen, daß das Kapital auch Rechte hat und daß die Geistesarbeit nicht unterschätzt werden darf. — Das Fünkchen Wahrheit in diesen tendenziösen Worten wird niemand leugnen können und wollen. —

Die gesamte Unionswelt war durch die Taff Vale Entscheidung alarmiert worden und in höchster Erregung. Selbst die besonnenen Webbs ließen sich zu einer Philippika hinreißen, die zu charakteristisch ist, um übergangen zu werden: „Die Wirkung des Urteils“, schreiben sie 1901, „ist die, daß es den Trade Unions, gleichgültig ob registriert oder nicht, die volle körperschaftliche Haftbarkeit auferlegt hat für jedes Unrecht oder jeden Schaden, die von irgend einer Person verschuldet sind, von der man a n n e h m e n kann, daß sie als Vertreter des Gewerkvereins handelt, nicht allein in Bezug auf eine strafbare Rechtsverletzung, die sie begangen hat, sondern auch bezüglich jeder Handlung, die nicht gegen die Strafgesetze verstößt, die aber der Richter von Fall zu Fall für gesetzwidrig halten kann . . . All das war für den Trade Unionismus nicht von ernster Bedeutung, solange die Schadenersatzpflichtigen die Unionsbeamten selbst waren, denn die waren nicht reich genug, um belangt zu werden. Das wird nun durch den Taff Vale Case anders. In allen Fällen, wo die Beamten haftbar sind, kann jetzt die Union solidarisch haftbar gemacht werden, denn sie ist reich und aus dem allgemeinen englischen Gesetz über Geschäftsherrn und -führer folgt, daß die Union ebenso haftet, wenn ein Beamter einer Trade Union im ordentlichen Gange seines Geschäftes und innerhalb der Aufgaben seines Amtes etwas tut, wofür er schadensersatzpflichtig ist, als wenn er außerhalb seiner Befugnisse und gegen die Statuten seines Vereins oder in direktem Widerspruch (?) zu den besonderen Instruktionen gehandelt hat.“ [1]

Es sind harte Anklagen, Anklagen gegen Klassenjustiz und Rechtsverdrehung, die hier erhoben werden. Glücklicherweise aber nur ein Beispiel unter vielen, in denen das Herz mit dem Verstande durchgeht, Tatsachen über den Haufen wirft. Denn in dieser Verallgemeinerung sind die erhobenen Beschuldigungen direkt falsch. Der erste Teil ist gegen die judge-made-laws über „combination“ und „conspiracy“ und die im Verlaufe eines picketing von den Gewerkvereinen geübten Maßnahmen gerichtet und soll in dem einschlägigen Kapitel behandelt werden, ganz abgesehen davon, daß es ein Ding der Unmöglichkeit wäre, wie bei letztgenannter, stets von neuen und unerwarteten Zwischenfällen abhängigen Streikaktion, den handelnden Personen eine scharfe Funktionengrenze zu ziehen, vielmehr eine sachgemäße Prüfung des Gerichtshofes von Fall zu Fall das allein Richtige und Zweckmäßige ist. Unbedingte Zurückweisung verdienen aber von vornherein die aus dem allgemeinen Haftpflichtgesetz gezogenen Folgerungen und aufgestellten Behauptungen der Webbschen Schlußworte. Der von Blackstone, Willes und anderen vertretene Rechtssatz: „qui facit per alium facit per se“ und seine Konsequenzen genießen auch keineswegs allgemeine Anerkennung. Im Interesse des Zusammenhangs erscheint es uns indes nicht angebracht, auf die herrschenden Lehren an dieser Stelle näher einzugehen, zumal sie bei der heutigen Ausnahmestellung der Gewerkvereine, wie wir bald sehen werden, nicht mehr die frühere Bedeutung haben. Wir

[1] Die neueste Geschichte der englischen Gewerkvereinsbewegung und ihr mutmaßliches Ergebnis (1901); desgl. Assinder p. 29—35.

verweisen daher auf die im ersten Bande der Law Quarterly Review 1885 erschienene Abhandlung von Frederick Pollock, betitelt „Liability for the Torts of Agents and Servants“, welche am deutlichsten ein Bild der mannigfaltigen Theorien und Kontroversen der auch heut noch ziemlich weit auseinandergehenden Rechtsüberzeugungen gibt, und aus der wir unten in der Anmerkung die am meisten interessierenden Sätze wiedergeben [1]. So aller Agitationszwecken dienenden Verdrehung oder Zurechtstutzung beraubt, bleibt von den Webbschen Beschuldigungen lediglich die auf ein richtiges Maß zurückgeführte Tatsache bestehen, daß sich die Verantwortlichkeit und Haftbarkeit der Gewerkvereine für unrechte Handlungen ihrer Beamten und Agenten nicht auf die von ihnen offiziell ernannten beschränkte, sondern auch solche Personen einschloß, die, in irgend einer Weise für die Union tätig, innerhalb der ihnen übertragenen Machtbefugnis und beim Fehlen einer ausdrücklichen Autorisation oder Ratifikation in Ausübung ihres Amtes und zum Nutzen der Union handelten, sofern die Handlung nicht gänzlich außerhalb ihrer in den Satzungen niedergelegten Zwecke fiel. Auf diese

---

[1] Ibid.:

1. If the servant, instead of doing that which he is employed to do, does something which he is not employed to do at all, the master cannot be said to do it by his servant and therefore is not responsible for the negligence of his servant in doing it. —

2. Another kind of wrong which may be done by a servant in his master's business and so as to make the master liable, is the excessive or erroneous execution of a lawful authority. To establish a right of action against the master in such a case it must be shown, that

a) the servant intended to do on behalf of his master something of a kind which he was in fact authorised to do —

b) the act if done in a proper manner, or under the circumstances erroneously supposed by the servant to exist, would have been lawful.

3. The master is chargeable only for acts of an authorised class which in the particular instance are wrongfully reason of excess mistake on the servants part. For acts which he has neither authorised in kind nor sanctioned in particular he is not chargeable. —

4. The master is not answerable if the servant takes on himself, though in good faith and meaning to further the master's interest, that which the master has no right to do even if the facts were as the servant thinks them to be. —

5. Lastly, a master may be liable even for wilful and deliberate wrongs committed by the servant, provided they be done on the master's account and for his purposes: and this, no less than in other cases, although the servant's conduct is of a kind actually forbidden by the master. — Sometimes it has been said that a master is not liable for the "wilful and malicious" wrong of his servant. If "malicious" means "committed exclusively for the servant's private ends" or "malice" "means" private spite, this is a correct statement, otherwise it is contrary to modern authority. The question is not whas the nature of the act in itself, but whether the servant intended to act in the master's interest. —

Dazu vgl. die Literatur der Law Quarterly Review.

Weise lag es allerdings in der Hand des Richters, bei allen von der Zentralgewalt nicht besonders anbefohlenen Handlungen irgend eines Zweigagenten, das Unionsvermögen zur Schadenssanierung heranzuziehen —, gestützt auf die von Willes 1867 im Falle Barwick v. English Joint Stock Bank gegebene und seitdem als bindende Norm geltende Urteilsbegründung: „Die allgemeine Regel ist die, daß der Geschäftsherr für jede Handlung seines Untergebenen oder Agenten verantwortlich ist, welche innerhalb seines Dienstes und zum Vorteil des Prinzipals begangen wird, obwohl sich kein ausdrücklicher Befehl oder Mitwisserschaft des Herrn erweisen läßt. In allen diesen Fällen mag man sagen . . ., ist die Tat nicht autorisiert worden, und tatsächlich hat der Geschäftsherr sie auch nicht besonders autorisiert, aber er hat den Agenten usw. auf seinen Platz gestellt, um eben jene Klasse von Handlungen auszuführen, und er muß daher verantwortlich sein für die Art und Weise, in welcher der Agent seine Funktionen (business) erfüllt, deren Übertragung eine Handlung seines Prinzipals war.“ [1] Welche Personen als Agenten gelten, konnte und kann nur von Fall zu Fall entschieden werden, im allgemeinen rechnet man die Zweigbeamten nicht dazu. —

Das erste praktische Resultat der von der Taff Vale-Entscheidung angefachten heftigen Opposition und Agitation zeigte sich in einem Mandat des Trade Unions Kongresses von 1903 an das Parlamentarische Komitee zur Ausarbeitung einer Bill, welche die rechtliche Position der Gewerkvereine vor 1901 wieder herstellen sollte. Diese, 1904 tatsächlich als Mr. Paulton's Bill eingebracht, erzielte auch bei der zweiten Lesung am 22. April eine Majorität von 39 Stimmen, wurde jedoch ebensowenig Gesetz wie die ihr 1903 vorangegangenen Mr. Shackleton's und Sir Charles Dilke's Bills. Immerhin waren es Vorarbeiten, welche deutlich lehrten, daß die Regierung schließlich dem Drucke nachgeben und große Zugeständnisse konzedieren müsse. 1904 gelang es ihr zwar noch, Mr. Paulton's Bill mit der Forderung: „keine Klage darf erhoben werden gegen eine Trade Union . . . . . für die Wiedererstattung von Schadensbeträgen, erlitten durch eine oder mehrere Personen auf Grund einer Klage eines oder mehrerer Mitglieder“ und die ihr parallel gehende in der Neuredaktion der Dilke's Bill nach völliger Beseitigung des Klagerechts „gegen einen Gewerkverein und eine oder mehrere Personen, welche die Mitglieder desselben repräsentieren, eben in ihrer repräsentativen Kapazität“, zu unterdrücken, weil man fürchtete, damit den Gewerkvereinen und ihren Organen eine Macht in die Hand zu geben, „wie sie niemals von einer Anzahl Per-

[1] Vgl. Haus der Gemeinen, 26. Juli 1906.

sonen in diesem Lande zu irgend einer Zeit besessen worden ist". Als aber die Königliche Kommission, welche zu jener Zeit bereits ein Jahr tagte, in ihrem Majoritätsbericht mit der Empfehlung einer gesetzlichen Bestimmung, durch die die Zentralgewalt einer Union sich selbst gegen die unautorisierten und unmittelbar verwerflichen Handlungen der Zweigagenten schützen könnte, die Berechtigung einer Gesetzesänderung anerkannte und der Kompromißversuch Sir Lawson Walton's — Errichtung besonderer Streikkomitees seitens der Gewerkvereine — gescheitert war, gab die Regierung nach und überließ am 21. Dezember 1906 mit der Trade Disputes Act den Trade Unions das Siegesfeld. — „Kein Gerichtshof soll eine Klage annehmen gegen einen Gewerkverein, sei es einen solchen von Arbeitern oder Meistern oder gegen irgendwelche seiner Mitglieder und Beamten ihret- und aller anderen Mitglieder wegen — mit bezug auf irgendeine schädigende Handlung, begangen vom oder zugunsten des Gewerkvereines". — Selbstverständlich wird dadurch die Haftbarkeit der Trustees, abzüglich des letzten Passus obiger Bestimmung, gemäß Section 9 und 10 der Trade Unions Act 1871 nicht berührt. Sie treten als Kläger und Beklagte auf, sie sind Eigentümer des Vereinsvermögens, ihnen unterliegt die Beaufsichtigung und Kontrolle der Fondsverwaltung. Sie sind verantwortlich nur für ihre eigenen Handlungen und deren Versäumnis, nicht aber für die anderer, selbst nicht für die ihrer Co-Trustees, nicht für die Sicherheit von Papieren und anderen Anlagen; die Empfangnahme und Übernahme der Vereinsgelder macht sie nicht zu Schuldnern der Sozietät, sondern zu deren Depositaren, — Diebstahl, Bankkrach usw. nicht ersatzpflichtig, sofern ihrerseits weder eigenes Verschulden, noch grobe Fahrlässigkeit vorliegt, sondern eine Handlung bona fide[1]. —

Wir sagten soeben, „selbstverständlich" wird die Haftbarkeit der Trustees durch die Klausel nicht berührt, — und doch hat gerade diese Frage im Parlament zu Kämpfen geführt, die mehr denn alle anderen Kunde geben von der Furcht, welche allmählich auch die fortschrittlichsten Geister außerhalb des Parlamentes und abseits jener Arbeitskämpfe vor der übermächtigen Gewalt einer mit der Regierung koalierten Arbeiterpartei erfüllte. Und in der Tat, mutet die Immunitätsklausel der neuen Bill nicht an wie eine Verirrung der Gesetzgebung in das Gebiet der Klassenherrschaft und Injurienprivilegierung? Unbestritten manifestiert sie einen

[1] Ruegg and Cohen p. 9/10.

grandiosen Sieg der Gewerkvereine, bietet sie einen treffenden Beweis dafür, wie eine liberale Partei Gesetze macht, indem sie gegen ihre eigenen Prinzipien verstößt (noch deutlicher in Kapitel V) und eine liberale Regierung sich mit der Miene des freiwilligen Gebers Zugeständnisse erpressen läßt, die einem Balfour in ehrlicher Entrüstung am 3. August 1906 im Hause der Commons die Worte entlocken: „Ich sehe mit dem größten Mißtrauen nicht auf die Lauterkeit der Motive der Regierung, sondern auf die Politik, welche einzuschlagen sie unter einem politischen Druck gezwungen worden ist. Obwohl es natürlich war, daß die Trade Unions die Regierung zu der Politik treiben würden, ihren Streitfonds Schutz zu gewähren, so halte ich es doch seitens des Hauses der Gemeinen nicht für weise, sie (diese Politik) anzunehmen. Ein Vermögensschutz der Gewerkvereine wird vorgeschlagen, wie er sonst nirgends in diesem Lande besteht. Das ist die Wurzel des ganzen Unglücks. Ist es richtig, ein Gesetzesprinzip von universeller Gültigkeit so preiszugeben . . . . ? Die neue Klausel soll, wie offenkundig zugegeben wird, die Haftbarkeit der Fonds beseitigen bei Rechtsverletzungen, welche die Gewerkvereine durch ihre Beamten vorsätzlich begehen. Tun die Unionen von ihrem eigenen Standpunkt aus klug daran, wenn sie nicht versuchen, einen anderen Ausweg aus dieser Schwierigkeit zu finden als die Klausel, welche der Kronanwalt (Walton) in Vorschlag bringt? Ich weiß nicht, daß irgend ein Versuch gemacht worden ist, sie zu verteidigen, mit Ausnahme des Argumentes, daß die Streitigkeiten zwischen Arbeitgeber und -nehmer im Grunde einem Kriegszustande ähneln, daß sie daher in gewisser Hinsicht grausam und brutal wie der Krieg sein müßten und die Dinge durch unnötige Beschränkungen seitens einer Partei nicht gebessert würden. Aber wollen sie (die Parteien) zugeben, daß in einem zivilisierten Lande Streitigkeiten dieser Art einem ganz verschiedenen Gesetz unterworfen werden? Wollen sie damit sagen, daß die Zivilisation in die Brüche geht, wenn es sich um einen Gewerbestreit handelt?" —

Es sind herbe Vorwürfe, die hier erhoben werden, Vorwürfe, die geeignet erscheinen, der neuen Bill den Stempel der Klassenjustiz aufzudrücken. Und nur zu nahe liegt es daher, mit dem Wortlaut der Immunitätsklausel, ohne Kenntnis einer dreißigjährigen Rechtsentwicklung keinen anderen Sinn zu verbinden, als Mr. Clavell Salter, der am selben Tage der oben zitierten Rede Balfours der Regierung in heftigen Worten entgegenschleudert, daß zum ersten Male in der modernen Geschichte hier offensichtlich eine privilegierte Klasse geschaffen werde, die berechtigt sei, bei allen gegen sie erhobenen Anklagen herausfordernd auszurufen: „Ich kann tun, was ich getan habe, denn ich bin ein Trade-Unionist . . . .

und immun!" — Soviel über die Klausel in der Beleuchtung ihrer Gegner. Wieweit kann sie einer parteilosen Kritik standhalten? —

Wir müssen uns erinnern an den Meinungsstreit, der bis 1901 über die Haftbarkeit der Unionen für unrechte, schädigende Handlungen ihrer Agenten und Beamten hin und her gewogt hatte, sowie der durch die Webbschen Beschuldigungen veranlaßten Darstellung des tatsächlichen Rechtszustandes. Erklärlicherweise lag es im Hauptinteresse der Vertreter der Trade Disputes Bill, diesen Streitpunkt einer Interpretation durch judge-made-laws möglichst zu entziehen und klar festzulegen, zumal größere Schwierigkeiten dem nicht im Wege standen. Die Ansichten platzten erst aufeinander, als von der Opposition die Anfrage gestellt wurde, ob die Immunität sich nur auf die von der Union nicht autorisierten Aktionen beschränken oder auch die autorisierten einschließen solle. Über den ersten Teil der Fragestellung wurde man schnell einig; die Härte, resp. Ungerechtigkeit dieser von den vorangegangenen Gewerkvereinsgesetzen der 70er Jahre selbst wohl nicht beabsichtigten Verantwortlichkeit der Trade-Unions wurde allgemein anerkannt [1] und durch die Worte „on behalf of themselves and all other members" der Klausel, deren richtige und verständliche Übersetzung (ihretwegen und aller anderen Mitglieder wegen) einigen Schwierigkeiten begegnet, endgültig beseitigt. Anders der zweite Teil. In der ursprünglich dem Parlament vorgelegten Bill der Labour Party war die Beseitigung des Klagerechtes gegen Unionen aus Haftbarkeit in Unrechtshandlungen durch die Apposition „for the recovery of damages" (für Schadenersatz) nach dem Passus „Keine Klage soll erhoben werden usw." in den Augen des Gesetzgebers unbedingt erforderlich, um jedwede Täuschung über die Absicht der Immunitätsklausel zu vermeiden. Gleichwohl stellte sich bei den Debatten heraus, daß eine immerhin beträchtliche Zahl von Abgeordneten im Hause der Commons jenen Zusatz als etwas durchaus Überflüssiges und Selbstverständliches betrachtete, tatsächlich seine Aufhebung durchsetzte und so bei den vorsichtigeren Elementen die Befürchtung aufsteigen ließ, daß durch dieses radikale Vorgehen die bisherige Immunität der Trustees bedenklichen Zweifeln ausgesetzt sei. Denn ein zweites Taff Vale Urteil war zwar schon durch den früheren Bestand der Klausel unmöglich gemacht worden; aber man erinnerte sich nur noch zu gut der Lindleyschen Argumentation, welche die Möglichkeit einer Verklagbarkeit von Exekutivkomitee und Trustees offengelassen hatte. Da nun die Trustees in gewissem Sinne als außerhalb

---

[1] Royal Commission 1906 p. 3—9. Ruegg and Cohen p. 18—22, Branch Agents.

der Union stehend, also als Nichtbeamte derselben angesehen wurden, so war sehr leicht denkbar, daß man in der Praxis künftighin gegen die Trustees allein eine Schadenersatzklage anstrengen würde. Da diese nun in weiterer Folge berechtigt sind — abgesehen von den bereits aufgezählten Fällen, — Ersatz der Urteilsstrafsumme — wie im vorigen Kapitel näher auseinandergesetzt worden ist — von dem Gewerkverein zu fordern, so wurde das ganze Gesetz zu einer bloßen Wortspielerei[1]; man hätte sich in einem Kreise gedreht, die Fonds wären wieder ohne Schutz gewesen, ohne daß dem Gesetz Gewalt angetan wurde, denn weder der Gewerkverein als solcher, noch seine Beamten waren verklagt worden. Dies zu verhindern, d. h. die Fonds auf Umwegen durch Verklagung der Trustees wegen schädigender Handlungen seitens der Unionsbeamten heranzuziehen, sollte der Zusatz bezwecken. Sehr einleuchtend war wohl keinem der Abgeordneten diese Argumentation, aber es genügte eben damals schon die bescheidenste Hypothese, um Alarm zu schlagen. Das Traurigste war jedoch, daß man seitens der Antragsteller durch die Auslassung der Apposition vom Regen in die Traufe kam. Denn nun brauchte ein arbeiterfreundlicher Richter nur den Trustees den Charakter eines Unionsbeamten beizulegen und die Gewerkvereine standen mit einem Schlage außerhalb des Bereiches der Bill. Nicht nur die Verklagbarkeit derselben, d. h. sowohl die der Unionen wie die der Trustees wurde dadurch hinfällig, sondern auch das Klagerecht der ersteren gegen die letzteren bei Diebstahl, mißbräuchlicher Verwendung der Vereinsgelder usw. usw., kurz, die Trade Unions Gesetze von 1871 und 76[2]. Einer solchen Gefahr wollte man sich erklärlicherweise nicht im geringsten aussetzen und bestimmte daher in einer Subsection, daß die Haftbarkeit der Trustees gemäß Section 9 der Trade Unions Act 1871 durch die Immunitätsklausel der Trade Disputes Bill 1906 nicht berührt werden solle. Das will mit anderen Worten sagen, es hieße in einen gefährlichen Irrtum verfallen, wollte man annehmen, gegen Gewerkvereine könne überhaupt keine Klage und speziell keine Schadenersatzklage für Kontraktbruch angestrengt werden. Ein Gewerkverein z. B., der für sein Gewerkschaftshaus eine teure Einrichtung bestellt, ist zur Erfüllung seiner Verpflichtungen ebenso gesetzlich belangbar, wie jedes Individuum und jede Sozietät. Die Kontraktfähigkeit (vgl. Kap. III) der Trade Unions ist ja bekanntlich eine beschränkte, Verträge zwischen

[1] Cohen and Howell, Trade Union Law and Cases p. 66—88.

[2] Diese Befürchtung spricht aus einem vom Hause der Lords gemachten und am 17. Dezember 1906 von den Commons auf Betreiben Waltons zurückgewiesenen Amendierungsvorschlag, daß keine Klage gegen die im Interesse der Union handelnden Trustees mit bezug auf das Gewerkvereinsvermögen erhoben werden dürfe.

Arbeitnehmerverbänden untereinander oder mit Arbeitgeberverbänden laut Section 4 Trade Union Act 1871 ungültig, Verträge mit bezug auf das „property" der Union nur von den Trustees einzugehen und diese eventuell regreßpflichtig mit Rückgriff auf das Vereinsvermögen. Die Verklagbarkeit der Gewerkvereine zu Schadenersatz wegen Kontraktbruch bleibt also innerhalb der soeben gezogenen Grenzen bestehen. Wer allerdings zu verklagen ist (z. B. die Union bricht den mit einer Theatergesellschaft für ein Gewerkschaftsfest geschlossenen Vertrag), ob einzelne Mitglieder, ob das Exekutivkomitee, ob in ihrem registrierten Namen — zurückgreifend auf die Lindleysche Argumentation, daß das nur Formensache sei —, mag dahingestellt bleiben. Jedenfalls dürfte es, wie schon im vorigen Kapitel betont, ratsam erscheinen, das Klageobjekt in Verbindung mit dem „property" der Union zu bringen (vgl. Kap. III, Schmähung in einer Zeitung), um durch Einschluß der Trustees das Urteil auch für sie bindend zu machen[1].

Sehr viel erbitterter gestaltete sich der Streit um die sogenannte „liability in tort" für autorisierte Handlungen der Unionsagenten und -beamten. Regierung und Labour Party, die in allen anderen Punkten im wesentlichen Hand in Hand gegangen waren und dieselben Anträge zur Diskussion gestellt hatten, traten sich hier gegenüber. Erstere war sich vollkommen darüber klar, daß irgendwelche Änderungen des Haftpflichtgesetzes, des Law of Agency, mit bezug auf die Gewerkvereine eintreten müßten, glaubte jedoch mit der Beseitigung der Haftbarkeit für alle nicht ausdrücklichst von einer Zentralgewalt autorisierten Handlungen ausreichende Zugeständnisse gemacht zu haben. Jede Union sollte zu diesem Zweck ein Exekutivkomitee ernennen, das mit der Regelung aller Beziehungen des Vereins zu Arbeitgebern und Publikum, insbesondere bei Streit und Streiks zu betrauen, sowie für die von ihm ausgegangenen Resolutionen und schädigenden Akte der innerhalb ihrer vom Komitee ihnen besonders übertragenen Funktionen handelnden Agenten und Beamten mit den Unionsfonds haftbar sei. „Wir schlagen vor", Sir Lawson Walton mag weiter sprechen[2], „eine Bestimmung zu treffen, daß das Exekutivkomitee bei Ernennung eines Agenten genau die Handlungen zu spezialisieren hat, die innerhalb der Sphäre seiner (des Agenten) Pflichten liegen wie die, welche ihm untersagt sind. Denkbar ist auch ein Agent, der sich zu Handlungen im Interesse der Union ohne ihr Wissen selbst bevollmächtigt. Wir haben deshalb vorgesehen, daß in allen Fällen, wo das

[1] Pennant p. 79; vgl. auch den Rechtsfall: Howden v. Miners' Association (1903) 1 K. B. p. 323.

[2] Vgl. Commons, 28. March 1906. Royal Commission 1906. Recommendation VI p. 125.

Komitee, in Kenntnis hiervon gebracht, solche Akte nicht anerkennt und seine Mißbilligung darüber ausdrückt, dasselbe durch sie nicht gebunden zu erachten ist." — Es braucht wohl kaum noch hervorgehoben zu werden, daß Gesetzesparagraphen wie zumal der letztere dem Fondsschutz das Etikett pro nihilo aufgedrückt hätten. Ist an und für sich schon eine derartige Kontrolle über einzelne Agenten bei den nicht selten weit im Lande verstreuten Zweigen, unter verschiedenen Verhältnissen, an verschiedenen Orten gänzlich ausgeschlossen, so war es ja dem Komitee in sehr zuvorkommender Weise freigestellt, jede autorisierte Handlung, welche strafrechtliche Verfolgung nach sich zog, einfach abzuleugnen und wenn man will, überhaupt nichts mehr zu autorisieren, sondern jeden Agenten nach eigenem Ermessen vorgehen zu lassen. Wozu war denn im Grunde genommen noch eine Vollmacht erforderlich? Die Klippen, an denen manche Union Schiffbruch gelitten hatte, waren oder wurden beseitigt. Die in Section 7 der Conspiracy Act von 1875 angeführten strafbaren Handlungen hat wohl kaum jemals ein Gewerkverein oder Exekutivorgan autorisiert; die Fallgruben des „Bewachens und Besetzens", sowie der „friedlichen Überredung" sind zwar nur und können auch nur teilweise zugeschüttet werden, jedenfalls aber leicht zu umgehen; wenn sie trotzdem die Grenzen des Gesetzlichen bei irgendwelcher Gelegenheit überschreiten, so liegt das nicht in der Voraussicht des klügsten Komitees. Autorisation läuft da auf eine Posse hinaus.

Man hat damals wie vor fünf Jahren wieder nach Inkorporierung der Gewerkvereine verlangt, wieder dieselben Gegenbeweise gehört und sich schließlich wieder zufriedengegeben[1]. Wir haben uns schon an anderer Stelle über diese Frage verbreitet, ein erneutes Eingehen erübrigt sich daher, die Folgen der Inkorporierung wären heute noch unsinniger wie ehedem. —

Als Berechtigung der Forderung nach Haftbarkeit der Trade Unions Fonds wird immer angeführt, die einzelnen Mitglieder seien zu arm, um erfolgreich herangezogen zu werden, — stehen wir aber nicht in 99 von 100 Fällen des gewöhnlichen Lebens vor einem ähnlichen Dilemma? Ein solches Zugeständnis widerlegt durchaus nicht die Doktrin des Taff Vale Urteils; ihre Richtigkeit muß auch jetzt noch unbedingt anerkannt werden, nur die Art ihrer Exekution nach Gesichtspunkten der allgemeinen Gerechtigkeit gegenüber dem Individuum und anderen Assoziationen im Geltungsgebiete des Common Law ist zu bestreiten. —

---

[1] Vgl. Kap. V. Zu allen heute erlaubten Streikaktionen wie Überredung zum Kontraktbruch, Sympathiestreik usw. könnten die Unierten dann von den leitenden Organen ihres Vereins gesetzlich gezwungen werden.

Dieser Einsicht konnte sich auch die Regierung zuletzt nicht mehr länger verschließen, sie gab nach. Umsonst lief Bowles am 25. April 1906 (Commons) Sturm gegen die Immunitätsgesetzgebung. Er häuft Belege auf Belege. Nach dem Taff Vale Streit seien die Unionen reicher, ihre Fonds mächtiger geworden, die Verwendung derselben zum Wohle des ganzen Landes erfolgt, von 1895 bis 1900 20 % der Ausgaben auf Arbeitslose, 17 % auf Trade Disputes, nach 1901 dagegen 27 % auf erstere und nur 10 % auf letztere entfallen, der Effekt des Urteils also eine Erweiterung des „benefit system" und Verminderung der Streiks an Zahl, Gewalt und Härte gewesen. — Wir halten es für überflüssig, eine Kritik an den Zahlen zu üben oder die Folgerungen Bowles zu unterschreiben, er vertritt nur die in einigen Kreisen beliebte Tendenz, die Trade Unions ihres Streitcharakters zu entheben und alle Streitigkeiten mit gönnerhafter Miene den Arbitration- und Conciliation boards aufzubürden. Eine gänzliche Verkennung des Gewerkvereinswesens, die er selbst hätte herausfühlen müssen, als er ausgangs seiner Rede hinzufügte: „ferner macht sich ein Rückgang der Mitgliederzahl bemerkbar, ein Zeichen, daß die Unionen nicht ohne Streiks leben können!" — 30 Jahre lang haben die Gewerkvereine einen vermeintlichen Schutz ihrer Fonds genossen, ohne zu Klagen über grobe Mißbräuche, Ausschreitungen und Gewalttaten Anlaß zu geben, haben sie sich damit nicht eines Geschenkes wie der Trade Disputes Bill für würdig erwiesen? —

Stehen wir nun heute vor der vollendeten Tatsache, daß auch autorisierte schädigende Akte kein Klagerecht begründen, so mag das allerdings auf den ersten Eindruck als etwas ganz Außergewöhnliches erscheinen. Und in der Tat gibt es genug Leute — Männer des Parlamentes nicht ausgeschlossen —, welche daraufhin den Unionisten das Mord- und Brandstifterprivileg zugesprochen haben. Solche Ansichten sind natürlich nur Produkte einer kühnen Phantasie oder übereilten Generalisierung. Die reservierte und sachgemäße Haltung des Attorney General bei den Debatten motiviert trotz aller Zugeständnisse keineswegs irgend welche Neigung der Regierung, das Strafgesetzbuch für Unionisten auszuschalten. Die Skala der sogenannten schädigenden Handlungen ist nach oben wie unten abgeschlossen. Gewalttat, Einschüchterung, Zwang, Eigentumsschädigung, Zerstörung der Werkzeuge, Verfolgen von Ort zu Ort usw. usw., kurz, die in Section 7 der Conspiracy and Protection of Property Act von 1875 aufgezählten, mehr oder minder verbotenen Streikaktionen (vgl. Kap. V) sind es, die zur Gruppe der „tortius acts" gezählt werden; im übrigen ist jedes Individuum, ob uniert oder nichtuniert, den allgemeinen Landesgesetzen unterworfen. Der Unterschied gegen früher liegt lediglich darin, daß der Unierte heute, in erster

Linie der Agent, allein die Strafe trägt, soweit seine Handlung nicht dem Schutze eines Gewerkvereinsgesetzes unterstellt ist, nicht mehr dagegen die Union mit ihren Fonds wie bis 1906 zu Schadenersatz herangezogen werden kann. Die Trade Disputes Bill sagt vorsichtigerweise nicht: no action shall be brought against any member or official, sondern: against any members or officials, um nicht den Anschein der völligen Immunität der Gewerkler, als außerhalb des Strafrechtes stehend, zu erwecken und bedeutet mit dieser Pluralbildung zugleich, daß eine Repräsentativklage auf Schadenersatz gegen die Zentralgewalt oder Exekutivorgane unmöglich ist. Und nun zum Schluß. Alle die in Section 7 der Conspiracy Act 1875 aufgezählten oder sonst in den Trade Unions Act verstreuten, mehr oder weniger schädigenden Handlungen sind, unverbunden mit gewerblichen Kämpfen oder verbunden mit ihnen, also nicht getan im Gange des gewöhnlichen Lebens, gesetzlich oder ungesetzlich; d. h. mit anderen Worten, vieles, was bei einem Streik strafbar wird, ist ohne seine Existenz erlaubt und umgekehrt. Das Gesetz von 1906 trägt den Namen Trade Disputes Bill, die Immunitätsklausel tritt daher nur in Kraft und Wirksamkeit bei Handlungen, getan für und im Streik, oder wie das Gesetz an anderer Stelle so deutlich ausspricht: „in contemplation or furtherance of a trade dispute". Das über die Kontraktschließung Gesagte beansprucht selbstverständlich Gültigkeit auch in gewerblichen Friedenszeiten. — Indem wir noch darauf hinweisen, daß auch die Arbeitgeberverbände den Schutz der Immunitätsklausel auf Grund der Trade Unions Definition (Trade Union Amendment Act 1876) genießen, über dessen Bedeutung für Boykott, Black lists usw. das folgende Kapitel sich verbreiten soll, sei die vorliegende Interpretation geschlossen. Der Gewerkvereinskongreß von 1903 hat sein Ziel erreicht, den Trade Unions ihre gesetzliche Stellung vor 1901 zurückgegeben oder besser und richtiger gesagt, das. was vordem nur vermutet, gewünscht, von vielen selbst als Unrecht und Ungerechtigkeit angesehen wurde, ist heute positives Recht. Damit hat gleichzeitig das Geltungsgebiet der sogenannten injunction, unbeschadet ihrer in Kapitel III auseinandergesetzten Anwendung, eine Einschränkung erfahren. Früher eine Hauptwaffe des Unternehmertums, den Aktionen eines Gewerkvereins Einhalt zu gebieten, ein Vorspiel der nachfolgenden Fondsberaubung, ist sie, mit Ausnahme derjenigen Handlungen, welche nicht von den Trade Unions Gesetzen geschützt werden, durch die Beseitigung des Klagerechts im Rahmen der Immunitätsklausel zwecklos geworden[1]. —

[1] Die Interpretation der Klausel beruht lediglich auf dem Studium

Als Folgeerscheinung der neuen Rechtslage hat auch dasjenige Experiment, welches als ultima ratio in den letzten Jahren im Vordergrund des Interesses und der Diskussion stand, die Separation der Fonds [1], seine Bedeutung eingebüßt. Schon die Königliche Kommission von 1869 machte, wenn auch aus anderen Motiven heraus, unter Berufung auf die, bei dem System der gemeinschaftlichen Fonds für Unterstützungs- und Gewerbezwecke stete Insolvenz der Amalgamated Society of Engineers, sowie der Amalgamated Society of Carpenters and Joiners den Vorschlag, jede Sozietät, welche eine Trennung in „benefit“ und „trade funds“ eintreten lasse, als „First-Class Trades Union Benefit Society“ zu registrieren, ihnen eventuell auch die rechtliche Stellung einer Fiendly Society einzuräumen; es war der erste Ansatz, den Gewerkvereinen Korporationscharakter beizulegen. Er wurde nicht weitergeführt, da der Eleventh and Final Report schwerwiegende Bedenken trug und auf die Unmöglichkeit einer korrekten Unterscheidung hinwies. „Eine Union“, so lesen wir da, „garantiert einem Mitglied eine bestimmte Summe, wenn es keine Beschäftigung hat. Das ist eine wohltätige Unterstützung; aber wenn jener Mann seine Arbeit aufgegeben hat infolge eines Streiks, so verfolgt die Zahlung gleichzeitig einen gewerblichen Zweck. — Andererhand, ein Streik bricht in großer Ausdehnung aus, und alle Zahlungen an die Leute dienen einem gewerblichen Zweck. Der Streik endet, eine große Masse von neuen Arbeitern ist eingestellt oder die Produktion stark eingeschränkt worden, die Beschäftigung monatelang matt. Sehr viele Arbeiter — es mögen die vormals streikenden oder andere sein, — sind nicht imstande, Arbeit zu finden, unmöglich wäre es da z. B. zu entscheiden, ob überhaupt und wieviele aus dem Wohltätigkeits- oder Streikfonds zu unterstützen sind . . . .“ In ähnlicher Weise dachte man sich auch in unseren Tagen die Separation als eine Scheidung in Streit- und Nichtstreitfonds, wobei der erstere in vollem Umfange, der zweite gar nicht oder nur sekundär haftbar sein sollte. Man hoffte, damit zugleich übermäßigem und hastigem Streik zu begegnen, wenngleich von anderer Seite die entgegengesetzte Wirkung in Aussicht gestellt wurde. Eine rechnerische Trennung der Gelder für die einzelnen Zwecke hat wohl immer bestanden, allerdings nur in gewerblichen Friedenszeiten, im Kriege dient alles, wenn nötig, einem und demselben Zweck zu Angriff und Ver-

der parlamentarischen Verhandlungen. Anderes Material existiert, soweit dem Verfasser bekannt, darüber noch nicht.

[1] Drage, Trade Unions p. 55—59. Desgl. Royal Commission 1906. Recommendation V, p. 125. Ruegg and Cohen p. 62/63.

teidigung. Die Lehre fand damals schnellen Anklang, und noch heute, wo ihre Motive andere geworden sind, sich also wieder denen der 1869er Kommission genähert haben, suchen ihre Jünger wie ehedem bei jeder Gelegenheit den Gewerkvereinen die Vorteile des Systems auseinanderzusetzen. Ja, sie ziehen die Moral heran, um den unterstützungsbedürftigen Mitgliedern ihren Anteil zu sichern und verdammen alles andere als Glücksspiel, dabei leider vergessend, daß dieses Glücksspiel Hauptschutz- und Trutzwaffe der Trade Unions ist, will man sie nicht zu Friendly Societies herabdrücken. Nur logisch war daher der von einer Seite gemachte Vorschlag, das ganze „benefit system" diesen Sozietäten zu überlassen. Vor allem aber beachtete man nicht genügend, daß der „trade dispute" Fonds an sich viel zu gering ist, um so gewaltige Mittel allein und schnell aufzubringen, wie sie heute der Kampf zwischen Arbeit und Kapital erforderlich gemacht hat, — welche Maximalsumme sollte man fixieren? [1]

Dazu gesellen sich weitere Schwierigkeiten einer eventuellen Kontrolle. Die nichtregistrierten Unionen sind zu einer jährlichen Rechnungslegung nicht verpflichtet, die registrierten zwar in vorgeschriebener Form einmal im Jahre, für die übrige Zeit aber nicht. Da nun keinerlei Bestimmungen über die Wahl öffentlicher Revisoren bestehen, so müßten diese nach den in den Unionsregeln angegebenen Vorschriften ernannt werden, d. h. mit anderen Worten, man würde einfach etliche Vereinsmitglieder mit diesem Amte betrauen, „und die Rechnung würde stimmen!" — Seinerzeit wurde von den Webbs noch der Vorschlag gemacht, neben den Kranken-,

[1] Webb, Theorie und Praxis. Band II, Kapitel 12, 1906, p. 71/72. „Die streng auf eine bestimmte Funktion beschränkten Hilfskassen haben das Vorrecht erhalten, sobald sie ihre Satzungen registrieren und ihre Rechnungen vorlegen, juristische Personen zu werden, mit dem Rechte, bindende Kontrakte mit ihren Mitgliedern sowie mit anderen Personen zu schließen und als Korporation Klagen anzustrengen oder verklagt zu werden. Den großen Gewerkvereinen paßt es nicht, sich so vollständig unter die Aufsicht des Gesetzes zu stellen. Allerdings müssen sie in gewissem Maße die Rechte einer juristischen Person besitzen, damit das von allen in gleicher Weise beigesteuerte Geld nicht ungestraft von denen, die es in Händen haben, unterschlagen werden kann. Nun ist aber .... das ganze Hilfskassenwesen der Gewerkvereine nur eine lose angegliederte Zutat, die der Hauptaufgabe derselben, ihren Mitgliedern bessere Arbeitsbedingungen zu sichern, durchaus untergeordnet ist. Bei der Befolgung dieses Zieles muß der Gewerkverein freie Hand haben, im Notfalle seine Geldmittel bis auf den letzten Pfennig für den Kampf aufzuwenden. Er unternimmt es daher nicht weiter, alle oder auch nur irgendwelche Unterstützungen auszuzahlen, wenn eine Majorität der zeitweiligen Mitglieder den Barbestand für andere Zweke zu verwenden wünscht ...... Daher würde sich ein Gewerkverein in seiner Bewegungsfreiheit in verhängnisvoller Weise beeinträchtigt sehen, wenn er sich auf gesetzlich bindende Kontrakte über die Auszahlung bestimmter Unterstützungen einließe ...."

[1] Benefits-Tabelle der Amalgamated Society

Jahr	Zahl der Mitglieder	Für Rechtsbeistand			An arbeitslose Mitglieder		
		£	s.	d.	£	s.	d.
1872	17 247	—			106	13	4
1873	15 830	150	0	0	117	0	3
1874	14 254	167	0	0	460	12	3
1875	13 018	390	13	9	809	7	10
1876	13 440	430	12	3	610	9	6
1877	12 815	460	19	3	640	8	1
1878	13 543	490	18	8	907	19	2
1879	11 516	484	1	2	1 311	0	4
1880	8 589	183	16	2	785	14	7
1881	6 878	804	12	0	586	6	0
1882	6 321	544	1	4	479	18	3
1883	8 077	493	10	4	370	4	10
1884	8 460	391	11	2	427	12	7
1885	9 052	311	8	4	515	15	6
1886	9 609	378	17	7	551	15	6
1887	10 830	1 145	10	5	2 068	5	9
1888	12 080	353	2	9	705	17	10
1889	19 585	189	3	1	599	12	11
1890	26 360	1 083	11	9	1 018	18	7
1891	29 820	1 078	1	9	1 762	6	1
1892	30 228	560	4	2	5 663	13	7
1893	33 826	783	1	3	5 046	7	9
1894	40 735	1 267	10	6	2 951	8	5
1895	38 119	745	13	1	3 217	6	4
1896	44 709	840	1	5	2 715	4	10
1897	85 928	930	5	6	3 118	15	4
1898	54 426	2 005	14	5	16 331	12	7
1899	59 819	1 962	15	9	2 882	19	11
1900	62 023	2 507	3	0	3 215	12	7
1901	55 943	10 793	4	2	3 230	15	5
1902	53 453	13 400	13	9	3 153	11	5
1903	52 355	3 795	10	5	3 233	16	0
		49 123	9	5	69 597	3	4

[1] Vgl. auch Drage, Trade Unions p. 30—36, 46—50.

of Railway Servants (1872—1903).

Aus dem Schutzfonds			Altersrente und Sterbegeld			An Waisen von Mitgliedern			Gesamtfonds am Ende jedes Jahres		
£	s.	d.	£	s.	d.	£	s.	d.	£	s.	d.
1 004	19	3	—			—			2 569	2	0
—			20	0	0	—			5 028	10	5
—			29	2	5	—			9 393	5	0
—			150	7	6	81	0	0	12 243	7	3
—			310	15	9	180	17	0	16 159	18	8
—			623	4	9	100	16	10	18 715	15	7
—			1 161	19	9	101	4	1	22 371	18	8
—			2 013	3	0	76	7	0	24 117	17	7
—			2 044	2	3	169	5	0	26 013	9	7
48	6	0	4 860	18	9	415	5	8	24 525	3	0
158	5	0	833	18	2	597	7	11	27 176	9	6
109	10	9	1 003	15	4	672	14	4	36 932	4	5
163	1	9	1 294	0	11	791	2	4	42 851	2	7
74	8	1	1 404	1	6	1 155	15	8	50 788	11	5
274	5	11	1 444	7	9	1 467	3	4	55 708	14	4
7 076	13	11	1 002	15	1	1 677	6	10	62 186	8	11
901	9	10	1 610	0	1	1 910	18	5	73 733	17	3
461	3	6	1 820	7	0	2 186	14	11	81 763	11	6
6 743	18	0	1 918	10	2	2 286	4	7	98 114	10	7
4 191	18	5	2 570	0	0	2 872	8	1	110 584	9	3
1 445	17	3	2 573	16	9	3 610	5	2	120 826	16	3
10 010	19	7	3 013	1	1	3 803	16	5	122 870	12	8
2 292	17	5	3 272	7	11	4 257	11	6	140 339	12	6
2 260	13	0	2 645	16	0	5 089	5	9	158 725	12	0
2 528	13	4	2 809	14	1	5 300	6	0	178 842	17	7
13 643	2	11	3 341	14	3	5 615	5	0	197 922	12	5
12 375	2	5	3 235	0	0	6 786	5	5	199 303	0	9
2 468	19	9	3 690	0	0	6 829	2	3	224 389	17	2
6 152	14	11	3 305	0	0	8 380	15	7	245 055	10	2
1 485	3	3	3 770	0	0	8 629	12	9	264 098	13	5
1 118	10	11	3 985	0	0	8 882	17	1	279 447	0	4
24 740	13	3	4 622	6	0	9 077	14	9	278 842	14	0
101 731	8	5	66 079	6	3	93 005	9	8			

Invaliden-, Unfallrenten-Fonds auch den für „out of work" von der Haftbarmachung auszuschließen und Verwendung desselben für indirekte Streitzwecke zu erlauben. Da diese Fonds nun zu den Befreiung von der Einkommensteuer genießenden „provident benefits" gezählt werden, die meisten Buchführungen der Gewerkvereine aber keinen Unterschied machen zwischen Zahlungen an Mitglieder, die arbeitslos sind wegen Niedergang ihres Gewerbe- oder Berufszweiges oder wegen Streik, erstere aber nur zu den Ausnahmen in Section 3 der Provident Funds Act von 1893 gehören, so wären in vielen Fällen die Streikfonds steuerfrei, und obige Anregung hätte die Sachlage noch mehr verwirrt. Der Grund für diese Unbestimmtheit des Gesetzes ist aller Wahrscheinlichkeit nach darin zu suchen, daß die 1893er Akte als einfacher Vorschlag eingebracht wurde und als solcher beide Häuser ohne Diskussion passierte. — Kurz, eine gesetzlich erzwingbare Separation der Fonds würde, abgesehen davon, daß sie einen bedenklichen Eingriff in die Assoziationsfreiheit bedeutet, die Unionen entweder vernichten oder sie zur Aufgabe des „benefit system" veranlassen und damit die alten Kampfvereine im modernen Gewande des 20. Jahrhunderts heraufbeschwören. Ein „laisser faire", erscheint uns daher als die beste Stellungnahme, wenigstens solange nicht klar zu übersehen ist, welchen Einfluß die, trotz Brentanos Einwänden, stets lebendigen Ideen einer staatlichen Arbeiterversicherung und deren Feindin, die Fabrikversicherung, auf die Weiterentwicklung des Fondswesens der Gewerkvereine gewinnen werden; das alles wieder nicht zum wenigsten abhängig von dem Ausgange des Kampfes zwischen Altem und Neuem Unionismus. Soweit seine Folgen bis jetzt erkennbar sind, hat er für beide Arten von Assoziationen günstig gewirkt, insofern die alten konservativen Unionen sich noch in letzter Stunde ihres wahren Zweckes erinnert, und um nicht völlig in Friendly Societies aufzugehen, sich von ihrem früheren radikalen Charakter wieder etwas angeeignet haben, anderseits die Neuunionisten sich gezwungen sehen, eine schmale Skala von „benefits" als Lock- und Haltmittel ihrer Mitglieder, vornehmlich der jüngeren, einzuführen — wie ein Autor der 70er Jahre allgemein sagt „als Mittel zur Erzwingung des Gehorsams". Ein bedeutender Vorteil der Benefit-Unionen bleibt die Ökonomie der Versicherung ihrer Mitglieder in einer, an Stelle zweier Organisationen, die Verringerung der Betriebskosten durch die Konzentration der Verwaltung.

Fünftes Kapitel.

Das Recht der Sreikaktionen.

Literatur.

Allgemeine.

1. The Parliamentary Debates of the United Kingdom of Great Britain and Ireland. (Hansard's Parliamentary Debates.) Session 1871, 1875 1906.
2. Bulletin of the Department of Labor. M. Low, The British Conspiracy and Protection of Property Act and its operation. Washington 1901.
3. Pennant, Trade Unions and the Law. London 1905. Chap. II, III, V.
4. Report of the Royal Commission on Trade Disputes and Trade Combinations. London 1906. (Cd. 2825.)
5. Minutes of Evidence taken before the Royal Commission. (Cd. 2826.)
6. Assinder, The Legal Position of Trade Unions. London 1905. Chap. III.
7. Cohen and Howell, Trade Union Law and Cases. London 1901.
8. The Criminal Law Amendment Act 1871. 34—5, V. 32.
9. The Conspiracy and Protection of Property Act 1875. 38—9, V. 86.
10. The Trade Disputes Bill 1906.
11. First — Fifth Report of the Commissioners appointed to inquire into the Organisation and Rules of Trades Unions and other Associations. London 1867/68.
12. Seventh — Final Report. . . . . London 1869.
13. George Howell, Labour Legislation, Labour Movements and Labour Leaders. London 1905. Vol. I—II.
14. T. S. Jevons, The Law of Trade Unions. London 1907.
15. A. H. Ruegg and H. Cohen, The Present and Future of Trade Unions. London 1906.

Einzelne Fragen.

1. George L. Bolen, Getting a Living. New York 1903. (Chap. IX Strikes, Lockouts and Boycotts.)
2. Report presented to the Trades Unions Commissioners by the Examiners appointed to inquire into Acts of Intimidation, Outrage, or Wrong alleged to have been promoted, encouraged or convicted at by Trades Unions in Manchester and its Neighbourhood. 1867—69. Vol. I—II.
3. do . . . . in the Town of Sheffield (With Minutes of Evidence). Vol. I—II.

Zeitschriften und Zeitungen.

I. The Law Quarterly Review. London.

1. S. H. Leonard, Wrongful Intimidation. Oktober 1891.
2. W. E. Ormsby, Malice in the Law of Torts. April 1892.
3. Henry P. Perry, Malicious Torts. January 1904.

II. The Contemporary Review. London.

1. G. Potter, Strikes and Lockouts, from the Workman's Point of View. August 1870.
2. Samuel Fothergill, In Reply to Mr. G. Potter. April 1871.
3. G. Potter, (A Rejoinder.) Trade Unions, Strikes, and Lock-Outs. July 1871.
4. Intimidation and Picketing. Two Phases of Trades-Unionism. September 1877.
5. George Howell, The Trades Disputes. 1906. I.

III. The Saturday Review. London.

1. April 4, 1868. Trades Union Outrages at Manchester.
2. February 15, 1879. The Liverpool Strikes.
3. June 5, 1875. Peaceful Coercion.
4. December 21, 1889. Trade Unions.
5. December 28, 1889. Trade Union Threats.
6. January 17, 1891. Strikes and Strikers.
7. January 31, 1903. The Outlawry of Trade Unionism.
8. February 10, 1906. The Trade Union Settlement.

Mit der durch die Aufhebung der Combination-Laws im Jahre 1824 anerkannten Koalitionsfreiheit der Arbeiter war ihnen gleichzeitig das Streikrecht gewährt. Die großen Arbeitseinstellungen, welche vor und kurz nach diesem Zeitpunkt den Arbeits- und Kapitalmarkt erschütterten, bedeuteten mehr plötzliche Ausbrüche industrieller Revolten gegen unerträglich gewordene Bedrückungen als überlegt geleitete und geschickt organisierte Bewegungen. Eine Vermehrung der Streiks und Verschärfung der Kämpfe waren, wie schon eingangs betont, natürliche Folgeerscheinungen des Befreiungswerkes, das die Akte von 1825 mit ihrer ausschließlichen Anerkennung von Vereinbarungen mehrerer Personen über Lohnhöhe und -Bemessung zu einer Farce herabgedrückt hatte. Neue Probleme waren in die Erscheinung getreten und hatten Parlament wie Bürgertum gezwungen, der behaglichen Kirchturmspolitik valet zu sagen. Ein zäher Kampf zwischen Arbeiter- und Unternehmertum beginnt jetzt; nicht weniger als dreimal innerhalb von fünfzig Jahren (1859, 1871, 1875) führen heftige Agitationen der Arbeiter gegen die, immer wieder im Interesse ihrer Gegner gehandhabte Interpretation des Gesetzes zur Ernennung Königlicher Untersuchungskommissionen. 1859 beseitigen sie die Strafbarkeit von „molestation and obstruction“, mit denen die 25er Akte operiert hatte, erkennen Vereinbarungen an über Lohnhöhe und Arbeitsstunden, sowie die friedliche Überredung zur Arbeitseinstellung und erreichen 1871 in der Trade Unions und Criminal Law Amendment Act mit Strafen für Zwang, Gewalt, Drohungen usw. einen gewissen Abschluß, dessen Vollendung der Conspiracy and Protection of Property Act 1875 vorbehalten sein sollte. —

Man hat lange darüber gestritten, zu wessen Gunsten die Gesetzgebung der 75 er Jahre spreche. Von den Arbeitern anfangs mit Genugtuung, von den Unternehmern mit Furcht aufgenommen, trat bald auf beiden Seiten eine Mäßigung und allgemeine Befriedigung mit dem bestehenden Gesetz ein. Jeder hatte gleichviel Rechte verloren und gewonnen, beider Rechte aber waren schließlich doch enger umgrenzt und festgelegt worden. Das Koalitionsrecht, das Ziel jahrelanger Kämpfe, hat in der Praxis weder seine überschätzten Gefahren, noch seine erwarteten Wohltaten voll gezeigt. —

Die Trade Unions Act von 1871 tat weder der Kombination noch des Streiks Erwähnung, in der Annahme, daß die Criminal Law Amendment Act mit ihren Verboten des Bewachens und Besetzens von Plätzen, Gebäuden usw. in jeder Form und der Erlaubnis einer friedlichen Überredung eine ausreichende gesetzliche Handhabe biete. Wie es damit stand, ist uns bekannt. Eine vierjährige Erfahrung ihrer Wirksamkeit führte zur Inauguration der viel umstrittenen sogenannten picketing Klausel in das Konspirationsgesetz, — eine Klausel, deren Bedeutung für das englische Gewerkvereinsrecht und -Leben kaum zu überschätzen ist, und die in der Trade Disputes Bill 1906 nur einen notwendigen Kommentar, nicht aber eine gänzliche Umgestaltung erfahren hat. Erst jetzt, nach 30 Jahren, hatte man den Mut, das offen einzugestehen, was praktische Erfahrungen und theoretische Spekulationen vom ersten Tage an gelehrt und judge-made-laws oft genug ausgesprochen hatten. —

Wenn noch im Jahre 1902 die Forderung des Londoner Gewerkvereinskongresses nach einer Gesetzlichkeitserklärung des friedlichen Streikpostenstehens teilweise auf den Widerstand der öffentlichen Meinung traf, so richtete sich dieser weniger gegen die Forderung an sich und ihre unmittelbaren Folgen, als gegen eine Begleiterscheinung in den berüchtigten „sympathetic", Sympathiestreiks, d. s. in der Form von Arbeitseinstellungen sich äußernde Solidaritätskundgebungen der an dem Streikobjekt meist nur indirekt, wenn überhaupt interessierten Arbeiter, den Streikenden mehr oder minder verwandter Gewerbszweige zwecks machtvollerer Durchführung der von den Streikenden aufgestellten Forderungen. — Sympathiestreiks können sich je nachdem auf einen einzigen Betrieb beschränken, wie auch mehrere umfassen. Für den Eintritt des ersteren Falles sind umsomehr Vorbedingungen gegeben, eine je größere Arbeitsteilung in dem betreffenden Betriebe herrscht, und je höher sich die Zahl der von den Arbeitern vertretenen Unionen beläuft. Der Ausdruck der Sympathie nimmt seinen Ausgang entweder von den Arbeitern oder von der Unionsleitung. —

Über die Wirkung dieser Art Streiks auf die Volkswirtschaft eines Landes brauchen wir uns bei der klaren Übersehbarkeit derselben nicht zu verbreiten. Immerhin dürfte es unangebracht sein, die in ihrer Begleitung meist auftretenden Ausschreitungen der Arbeitermasse, bei genügender Würdigung ihrer geistigen und sittlichen Höhe, der Unklarheit der gesetzlichen Bestimmungen allein zuzuschreiben, wie manche Autoren wollen. Denn Sympathiestreiks, als ein Produkt der Arbeitsteilung, sind heute (!) noch der Tummelplatz überwiegend des ungelernten Arbeiterproletariats. Gewerbe mit längerer Lehrzeit, mit höheren Anforderungen an das selbständige Denken und Tun des einzelnen, machen es dem Unternehmer fast unmöglich, ohne gewaltige Verluste in kurzer Zeit Ersatz für die Ausständigen zu beschaffen. Machtbewußter und zuversichtlicher können diese Arbeiter daher ihre Forderungen geltend machen, sie durchdrücken oder doch im Wege der gütlichen Vereinbarung wesentliche Vorteile zu erringen suchen, im Gegensatz zu denjenigen Gewerben, wo die schaffende Hand nur einen Teil der Maschine bildet. Hier genügt oft ein einziger Tag, ja Stunden, die entstandenen Lücken wieder auszufüllen, — nicht selten zum Vorteil des Unternehmers [1]. Erfolge kann da nur ein Massenstreik bringen, und ein wesentliches Mittel, wenn nicht das wesentlichste, ihn hervorzurufen, bietet das picketing [2]. Wie die erfolgreiche Durchführung eines solchen Streikpostenstehens oder -Stellens vornehmlich an die Gewinnung nichtstreikender, nichtunierter oder streikbrechender Arbeiter geknüpft ist, wie sich dieses Ziel nur mit Hilfe einer scharfen Beobachtung der Arbeits-

---

[1] In dem großen Londoner Dockerstreik vom Jahre 1889, dem eigentlich ersten nennenswerten Sympathiestreik, waren die gelernten und hoch entlohnten Güterpacker, ohne die jegliche Arbeit unmöglich gemacht wurde, in den Ausstand getreten, um den Streik der erbärmlich bezahlten Dockarbeiter, die jederzeit von einer ungeheueren Masse hungriger Arbeitsloser ersetzt werden konnten, zu einem Erfolge zu führen. Vgl. Saturday Review August 31, September 7—21, 1889.

[2] Man kennt auch, hauptsächlich in der älteren Gewerkvereinsgeschichte, sogenannte „sympathetic lockouts", Sympathieaussperrungen. In der Baumwollenindustrie wurden des öfteren Frauen und Kinder ausgesperrt, um den ausständigen männlichen Arbeitern jede Beihilfe durch den Lohn ihrer Angehörigen zu entziehen. Im Jahre 1853 sollen mehrere Unternehmer einer zur gegenseitigen Unterstützung im Falle eines Streiks gegründeten Assoziation von Baumwollfaktoreibesitzern in Preston sogar heimlich die Verlängerung eines Streiks unterstützt haben, um aus den hohen Preisen Gewinn zu ziehen. Vgl. Royal-Commission 1906 p. 75—77, sowie die Entscheidungen p. 56—70. Cohen and Howell, Trade Union Law and Cases p. 49—56.

stätte erreichen läßt, so bilden in den Rechtsstreitigkeiten auch die Fragen vom „Bewachen und Besetzen“ (watching and besetting), von der „friedlichen Überredung“ (peaceable persuasion), der „Einschüchterung“ (intimidation) und „Beschränkung der Gewerbefreiheit“ (restraint of — interference in — — trade) die wichtigsten und bestrittensten.

Der Fondsschutz ist ihr Hauptzweck, so hatte Lord Jessel 1880 die Trade Unions Act charakterisiert, — ihr einziger, — hätte er sagen sollen. Widerruf der Combination Laws ist ihr einziger Zweck, charakterisierte die liberale Partei 1871 die Criminal Law Amendment Act, — um sie zu verschärfen, — vergaß sie hinzuzufügen. Mit einer Strenge, die nicht selten das Gebiet des Lächerlichen berührt, wurden alle die in einer einzigen Sektion und in erschöpfender Fülle aufgezählten Phasen des picketing zu ungesetzlichen Handlungen gestempelt, unterdrückt. Die Tatsache, daß jedes Verfolgen und Nachgehen [1], jedes Bewachen und Besetzen von Arbeits- und anderen Orten, jede Drohung und Einschüchterung, Wegnahme von Werkzeugen, jede Bemühung, einen Arbeiter zum Streik oder Eintritt in die Union zu veranlassen, strafbar wurde, wenn getan „with a view to coerce“, legte in die Hand der richterlichen Organe, der Friedensrichter, eine unbegrenzte und im eigenen kapitalistischen Interesse ausgeübte Macht. Das summarische Verfahren in Fällen boshafter Injurie gegen Person und Eigentum war ausgedehnt, auf Drohungen eines Arbeiters im Maximum drei Monate Gefängnis oder Zuchthaus gelegt, für alle anderen Streikaktionen das Zivilrecht ausgeschaltet und durch das Strafrecht ersetzt, die Vagheit und Unbestimmtheit des Wortes „coerce“ durch das Fehlen jeder Begrenzung gegen moralischen Zwang und Einfluß vergrößert worden. — Kein Wunder daher, wenn die in der Einleitung geschilderten Vorgänge eintraten und zu jenem Gesetz führten, das unter dem Namen Conspiracy and Protection of Property Act 1875 in den Augen der Arbeiter das Befreiungswerk im Sinne der Gleichberechtigung aller vor dem Gesetz zu erfüllen und den Namen eines Cross untrennbar mit ihm zu verknüpfen schien. „Obwohl Mr. Cross in mancher Hinsicht mit seinen Zugeständnissen zu liberal gewesen ist“, schreibt die Saturday Review am 17. Juli 1875, „verdienen doch die von ihm jetzt eingebrachten Bills hohe Beachtung. Kein früherer Minister hat Mr. Cross übertroffen an Zielbewußtheit und Einfachheit des Systems. Zu gleicher Zeit versöhnlich und streng, hat er sich das Vertrauen des Hauses der Gemeinen gesichert und die noch schwierigere Aufgabe vollbracht, den Argwohn der Arbeiter zu zerstreuen.

[1] Cohen and Howell, Trade Union Law and Cases p. 138—145.

deren Not abzuhelfen er unternommen hat. Seine Aufmerksamkeit war glücklicherweise schon auf die aus den gewerblichen Kämpfen entstehenden Übel gelenkt worden, ehe er erwartet haben konnte, seine gegenwärtige Stellung zu erlangen. So brachte er für die Vollendung seiner schwierigen Aufgabe praktische Kenntnisse und aufrichtigen guten Willen mit. Es hieße zu viel erwarten, sollten seine Maßnahmen der Agitation ein Ende machen, aber sie werden ihre Macht vermindern durch Beseitigung aller plausibeln Gründe der gegnerischen Einwände. Die Debatten im Hause der Commons sind im ganzen praktisch (d. h. bewegten sich weniger auf theoretischem Gebiet) und instruktiv gewesen, obwohl einige Versuche gemacht wurden, ein politisches Element in die Diskussion hineinzutragen ... Die Führer der Unionen sind in der Zwischenzeit weder in Theorie noch Praxis unterlegen. Das stets begehrte Recht des Zwanges ist konsequent und nicht ohne Erfolg geltend gemacht worden. Mit Ausnahme von Lord Montague hat kein einziger Apologet das System des „rattening“ (Wegnahme oder Zerstörung der Werkzeuge eines Mitarbeiters, wie es in Sheffield ausgeübt worden ist) offen zu verteidigen gewagt. Die mildere Tortur des picketing darf unter ähnlichen Bedingungen wie bisher straflos in Anwendung gebracht werden. Vielleicht erhebt sich dann später unter den arbeitenden Klassen selbst die Frage nach dem Schutz, welchen die Arbeitgeber genießen. Vorläufig müssen sie (d. h. die Arbeitgeber) die Konsequenzen ihrer eigenen Apathie tragen.“ —

Auf dem nach Ergehen der Conspiracy Act in Glasgow tagenden Gewerkvereinskongreß sprachen einige Vertreter den Wunsch aus, an Mr. Cross für seine arbeiterfreundliche Betätigung am Zustandekommen der Labour Laws eine Dankadresse zu senden. Sie stießen damit jedoch auf den Widerstand vieler Parteigenossen, welche „taten, als ob die Welt und die Gesamtheit nur ihretwegen da wäre.“ So verlangte Odger die möglichst ausgedehnte Besetzung des Hauses der Commons mit Arbeitern, ausschließliche Entnahme der Fabrikinspektoren aus ihren Reihen, Umgestaltung des gesamten Ehrendienstes in bezahlte, durch sie allein zu besetzende Ämter usw. usw. und unterstützte den von einem Londoner Delegierten gemachten kühnen Vorschlag, die Gefängnisstrafe für die handarbeitenden Klassen abzuschaffen, „because it had become too common“, weil sie zu gewöhnlich geworden sei, „so gewöhnlich, daß sie für die große Masse der Bevölkerung dieses Landes aufgehört habe, tatsächlich eine Strafe oder Schande zu bedeuten!“ — Diese Tatsache unter vielen nur ein Beleg für den ungeheuern, wenn auch teilweise verderblichen Einfluß, den die 75er Akte auf das Macht- und Selbstbewußtsein der unierten Arbeiterschaft ausübte, so daß die Saturday Review am 16. Oktober 1875 nicht mit Unrecht sagt, England würde überhaupt keine Arbeiter mehr haben, wenn die Forderungen des Kongresses Verwirklichung fänden. — Soviel über die Stimmung der Bevölkerung, um nunmehr zum tatsächlichen Befunde des Gesetzes überzugehen. —

Kompetent für die im Verlaufe eines gewerblichen Streites zwischen Arbeitgeber und -Nehmer in Anwendung gebrachten Aktionen war und ist noch heute mit einigen Erweiterungen die berühmte, durch die Bezeichnung „Streikklausel" in ihren Wirkungsgrenzen genügend charakterisierte section 7 der Conspiracy and Protection of Property Act von 1875. Sie erklärt für strafbar: Gewaltakte, Drohungen gegen, Einschüchterung eines Mannes resp. seiner Frau und Kinder, jede Eigentums- und Vermögensschädigung, Hinderung im Genuß desselben, hartnäckiges Verfolgen von Ort zu Ort, Beschädigung der Werkzeuge (. . . rattening . . .), Kleider usw., Beraubung, Störung, Verhinderung der Arbeits- und Erwerbstätigkeit, das Bewachen und Besetzen der Arbeitsstätte, des Wohnhauses oder sonstiger Gebäude, Grundstücke und Plätze, wo besagte Personen wohnen, arbeiten, ihren Geschäften nachgehen oder sich zufällig aufhalten, sich ihnen zu nähern oder sie in widerwärtiger Weise mit zwei oder mehreren Personen durch Straßen usw. zu verfolgen, wenn dadurch bezweckt wird, — in ungerechter Weise und ohne gesetzliche Ermächtigumg[1] — diese Personen an einer Handlung zu hindern, zu deren Vollzug sie ein gesetzliches Recht haben oder sie zu einer ungesetzlichen zu zwingen.

Es bedarf wohl kaum der Hervorhebung, daß diese Verbote mit den sich daran anschließenden Strafbestimmungen bis zu 20 £ oder drei Monaten Gefängnis jedes Streikpostenstehen im Keime erdrücken mußten. Die daraus leicht erwachsenden Gefahren sich nicht verhehlend, beschloß daher der Gesetzgeber noch rechtzeitig, eine Einschränkung und Milderung in der sogenannten saving-clause eintreten zu lassen, welche die Strafbarkeit des picketing, im engeren Sinne also „des Bewachens und Besetzens", bei Erteilung oder Entgegennahme von Informationen beseitigte. Als die Bill das Parlament passierte, drang man auf die Regierung ein, die Wirkung der Klausel auch auf die „friedliche Überredung" auszudehnen. Der Antrag wurde abgelehnt mit dem Hinweis, daß die Terminologie des Gesetzes ihr bereits stillschweigende Anerkennung zolle. Ein Präzedenzfall wäre allerdings damit nicht geschaffen worden, denn schon die kurze Parlaments-

[1] Nach der Auslegung in Lyons v. Wilkins 1899 sollen diese Worte nur eine Kautel für eventuell mögliche Fälle bieten, in denen eine sonst prima facie ungesetzliche Handlung Rechtfertigung für sich beanspruchen kann.

akte von 1859 gestattete die ohne Drohung oder Einschüchterung erfolgende „peaceable persuasion“ einer einzelnen Person und in Verbindung mit einer speziellen Klasse von Gewerbestreitigkeiten wie bezüglich Lohnhöhe und Arbeitsstunden, wenn auch ohne in der Praxis Anspruch auf Beachtung erheben zu dürfen; nach wie vor waren die Pickets einer rücksichtslosen Verfolgung ausgesetzt. Schon das Aufstellen von Streikposten, das Beobachten der Tätigkeit von Meister und Arbeiter, das Zuwerfen „giftiger Blicke“, all das galt als strafbare Belästigung, wenn es, selbst ohne Schimpfworte oder Gebärden, auf gewöhnliche Menschen nach Ansicht der Jury einen ab- und erschreckenden Eindruck ausübte. Die Art und Weise, in der die Richter mit unverhältnismäßiger Strenge jede Belästigung einer Person seitens eines Arbeiters, und sei sie auch nur im Rausch geschehen, — Lehrlinge und Frauen für ein vulgäres Schimpfwort wie „backleg“, Gauner, einen Burschen von 15 Jahren wegen Auszischens, ohne daß sonst ein ungebührlicher Ausruf erwiesen wurde, mit zwei Monat Gefängnis bestraften, läßt den Antrag jenes Londoner Delegierten entschuldigen und verstehen. In andauerndem und hartnäckigem Kampfe hatte das Parlamentarische Komitee der Gewerkvereine unter der sachkundigen und peinlich gewissenhaften Leitung George Howells seine ganze Kraft und Macht seit 1871 aufgeboten, um eine Änderung des gesetzlichen Zustandes durchzusetzen, unentwegt und nie entmutigt sich bemüht, die leitenden Staatsmänner in ihrer reservierten Haltung umzustimmen. Gladstone und mit ihm das Parlament weigerten sich beharrlich, Konzessionen zu machen oder ein Kompromiß herbeizuführen. Streiks wie die der Gasarbeiter boten zwar einen offensichtlichen Beweis für die Erregung der großen Masse, machten aber auch nicht zum wenigsten die Regierung auf die Gefahr von Zugeständnissen aufmerksam und verzögerten so einen entscheidenden Schritt. Das Komitee verfiel schließlich auf den Gedanken, einen besonderen Unterstützungs- und Entschädigungsfonds für die unter der Criminal Law Amendment Act strafrechtlich verfolgten Arbeiter zu bilden, der zur Tat geworden, wohl segensreich wirkte, die Mängel des bestehenden Rechtes aber nicht ausgleichen konnte. Erst 1873 gelang es, eine Conspiracy Law Amendment Bill als Ausfluß der über den Widerruf der Criminal Law Amendment Act geführten Verhandlungen bis zur Lesung in beiden Häusern zu bringen, welche zwar die Härte der in einzelnen Fällen verhängten Strafen anerkannten, eine Überschreitung des Gesetzes aber nicht für vorliegend erachteten. Nach langem Hin und Her, durch Amendierungen von Lords und Commons immer gekünstelter und lebensunfähiger geworden, übereignete sie 1875 die Elemente eines besseren Geschickes der Employers and Workmen sowie Conspiracy Act. Als endlich die 75er Akte zur Debatte gestellt wurde, kam es im August dieses Jahres im Hause der Commons bei Mr. Mundellas Antrag auf Insertion der Worte „or peaceable to persuade“ zu heftigen Kontroversen. Mr. Gatherone Hardy, der damalige Kriegsminister, erachtete keinerlei Gründe für vorliegend, friedliches Überreden irgendwie für ungesetzlich zu halten, und da auch der Lordkanzler dieser Meinung beipflichtete, konnte das Resultat der Abstimmung mit 41 Stimmen pro und 53 contra nicht überraschen. Aber schon das folgende Jahr sollte die Berechtigung der Mundellaschen Bedenken erweisen. Lediglich die Konsequenzen der Praxis ziehend, sprach das Gericht im Falle Reg. v. Bauld die Ungesetzlichkeit und Strafbarkeit des Bewachens und Besetzens zum Zweck der friedlichen Überredung aus — wohl bemerkt, die Tatsache einer friedlichen Überredung allein ist nie bestraft worden — und beherrschte damit, 1896 nochmals in Lyons v. Wilkins bestätigt, drei Jahrzehntelang die Jurisdiktion. Erst nach ihrem Verlauf, also ein Jahr vor der Trade Disputes Bill, durften die Gewerkvereine unter veränderten Verhältnissen, einer veränderten politischen Konstellation und Rechtsanschauung einen erneuten, Erfolg versprechenden Versuch wagen, in der Wittakers Bill dem zweifelhaften Recht der Streikaktionen eine feste gesetzliche Grundlage zu schaffen. Das Gesetz verlangte die Ausdehnung der Legalisierung von watching and besetting auch auf die friedliche Überredung einer Person zu arbeiten oder nicht zu arbeiten, vorausgesetzt, sagt Section 1 wörtlich weiter: „daß niemand, nachdem er von der durch dieses Betragen belästigten Person oder von einem Konstabler aufgefordert worden ist, weiterzugehen, (trotzdem) absichtlich so handelt, um solche Personen zu behindern, zu verletzen oder zu belästigen.“ Die Regierung ließ sich damals zu so weitgehenden Konzessionen noch nicht bewegen, vor allem wohl, weil sie die in einer „friedlichen Überredung“ liegende contradictio in adjecto herausfühlte. Ein picketing wird, da das Gesetz weder die Zahl der beteiligten Personen, noch seine Zeitdauer begrenzt, immer und notwendig seiner Natur nach den Charakter einer Belästigung tragen. Nach einer Entscheidung vom Jahre 1887 genügte das bloße Erscheinen, ohne längeres, über seine Absichten nicht mehr in Zweifel lassendes Verweilen eines Pickets zur Konstituierung eines Klagegrundes. Dazu kommt, daß der in Section 7 auftretende Ausdruck „happens to be“ jede örtliche Begrenzung ebenfalls verneint, und demgemäß nicht nur die Arbeitsstätte, sondern auch Landungsbrücken, Eisenbahnstationen usw. in den Umkreis seines Operationsfeldes gezogen werden. Außerdem ist unschwer einzusehen, wie leicht die Sprache der Überredung in wirklichen Mißbrauch, in Beschimpfung, Schmähung ausarten und zum Ausbruch physi-

[1] Reg. = Regius bezw. Reginae; Kopfnote des engl. Strafprozesses.

scher Gewalt führen kann. Trefflich sind über diesen Gegenstand die Worte Sir Lushingtons: „Nach meiner Meinung", sagt er 1906[1], „sollte das Bewachen und Besetzen von Gehöften usw. selbst für den alleinigen Zweck der friedlichen Überredung nicht erlaubt sein. Es ist gänzlich verschieden von der friedlichen Überredung ohne Bewachen und Besetzen oder von irgend etwas anderem, was Arbeiter frei in ihrem Interesse tun können, obwohl es zum Nachteil anderer ausschlagen mag. Es ist ein Akt direkter Einmischung und Angriffs und sollte verboten werden als eine Beeinträchtigung des Komforts anderer. Zudem ist die Annahme, daß der Zweck allein friedliche Überredung ist, als eine zu optimistische Auffassung der Sache zu betrachten, die Wirklichkeit ist davon sehr weit entfernt. Es wirkt immer wie ein Zwang und kann daran nicht gezweifelt werden, daß gerade deshalb die Trade Unions systematisch darauf zurückgreifen. Um die Sache richtig zu beurteilen, ist es notwendig, zu erinnern an den erregten Gemütszustand der Arbeiter in Streikzeiten. Ganz abgesehen von schweren Fällen, wo Gewalttaten begangen worden sind, oder wo die Polizei ernste Schwierigkeiten hatte, die Ordnung aufrecht zu erhalten, oder wo es nötig befunden wurde, ein besonderes Unterkommen für die Arbeiter zu besorgen, welche vorgezogen hatten, weiterzuarbeiten, oder sie physisch von den Streikenden zu separieren, obwohl dies alles Möglichkeitsfälle sind, die sich sehr leicht ereignen können. Ich denke vielmehr an die gewöhnlichen Streiks, und mit bezug auf diese genügt es, an die Schmähsprache zu erinnern, in welcher die Streikleiter in ihren öffentlichen Reden gewöhnlich von denjenigen sprechen, welche sich nicht am Streik beteiligt haben, um den ausgesandten Picketrotten eine Ausdrucksweise eigen zu machen, welcher sich diese in ihren Gesprächen mit den Arbeitswilligen bedienen. Wenn ein systematisches picketing organisiert worden ist, so kann ein Arbeiter seinen Arbeitsplatz weder aufsuchen noch verlassen, ohne aufgehalten und ausgefragt zu werden von denjenigen, welche den Platz besetzen und bewachen und die, selbst wenn es nur einer oder zwei sind, doch eine ausgedehnte Zahl von Streikenden repräsentieren, welche leiden unter dem, was sie als Kränkung betrachten, welche leiden unter dem Fehlen des Lohnes, und die wütend sind, ihre Arbeitsplätze von anderen ausgefüllt zu sehen. Das kann so Tage oder Wochen gehen, ähnliche Gespräche werden Tag für Tag erneuert vor des Arbeiters eigener Tür, vielleicht in Gegenwart seiner Frau und Familie oder gegenüber ersterer allein in Abwesenheit des Mannes . . . In Wahrheit ist das picketing eine Art industrieller Konskription, und indem sie dieselbe organisieren,

[1] Report of the Royal Commission on Trade Disputes etc. 1906.

handeln die Trade Unions so, als ob sie nicht nur ihre eigenen Mitglieder, sondern die gesamte Arbeiterklasse repräsentieren, und als ob sie die Autorität hätten, Vorschriften zu erzwingen, zu deren Erfüllung alle verpflichtet wären. Es ist ein System, nicht gewöhnlich anwendbar von einer Sozietät, in welcher die Mitgliedschaft rein freigestellt ist und welche anerkennt, daß jedes Individuum nach seinem Belieben handeln kann. Das picketing existiert nirgends als bei den Gewerkvereinen." — Soweit Lushington; wir haben uns nicht gescheut, diese Ausführungen in ihrer Vollständigkeit wiederzugeben, da sie ein lebendiges Bild des picketing entwerfen und kaum von einer zweiten besseren Darstellung übertroffen werden dürften. —

Bei der schwierigen Begriffsbestimmung von „peaceable persuasion", soweit sie nicht überhaupt für unzulässig erklärt wurde, war es natürlich, daß das Recht nach einem Maßstabe suchte und auch fand, um die Grenzlinie zwischen strafbarer und erlaubter Überredung zu ziehen. Erst, wenn eine „Einschüchterung" (intimidation), „ein Gefühl der Furcht" oder wie Curran v. Treleaven noch genauer präzisierte, „Furcht vor Androhung persönlicher Gewalt", als vorliegend und begründet erachtet und von der betroffenen Person geltend gemacht werden konnte, dann galt der Moment der Illegalität für eingetreten. Zu großen Hoffnungen berechtigte diese Begriffsunterscheidung indes kaum, begab man sich doch damit auf das große und gefährliche Gebiet der judge-laws [1], auf den Tummelplatz richterlicher Interpretationen und Anschauungen. Die dadurch hervorgerufene Verwirrung der Rechtslage leitet sich nicht etwa her aus einem Mangel an Fähigkeiten, sondern aus den divergierenden politischen und ökonomischen Ansichten, welche die großen Gesetzgeber von Zeit zu Zeit dargelegt haben. Als Staatsbürger konnten sie sich von einem gewissen Vorurteil bei einzelnen Fragen nicht völlig losmachen. Es ist nicht ein Fehler der einzelnen Richter, wenn die judge-made-laws und damit der überwiegende Teil des gesamten Rechts zu einem wenig befriedigenden Resultat führen und geführt haben, das insbesondere auf dem Gebiete des Arbeitsrechtes schwer in die Wagschale fällt. Es ist viel-

[1] The Law Quarterly Review Oktober 1904. Art.: Judge-made-law, by Lefroy. — Man unterscheidet zwei Arten judge-made-laws. Die eine entsteht durch geschickte und mit größter Exaktheit geführte Deduktion logischer Konsequenzen aus wohl anerkannten Gesetzesprinzipien, um im Resultat schließlich in absurde praktische Konsequenzen auszulaufen. — Die zweite, von den Rechtslehrern überwiegend verworfene, von den durch sie begünstigten Teilen der Bevölkerung aber gebilligte und gewünschte Art der judge-made-laws wird hervorgerufen durch die Basierung einer Entscheidung lediglich auf Gründe der allgemeinen Staatsklugheit oder der individuellen Auffassung des Richters über den Willen des Gesetzes unter Berücksichtigung der Sonderverhältnisse und Schwierigkeiten des einzelnen Falles.

mehr ein Fehler der menschlichen Natur. Ob der eine oder der andere recht hat, ist weniger wichtig und wertvoll, als eine Antwort darauf, ob es wünschenswert ist, eine große Frage der nationalen Politik dem Wechsel der Meinungen zu überlassen, ohne daß anderseits durch eine gesetzliche Fixierung des Ausdrucks irgendwelche Vorteile geschaffen wären, das Gegenteil in verstärktem Maße stand viel eher zu erwarten. Eine Beschränkung oder besser die Feststellung eines, sagen wir „Einschüchterungsmaximums", bis zu welchem Straflosigkeit angenommen wurde, mußte dann zur notwendigen Voraussetzung werden, wollte man nicht jede Einschüchterung durch Arbeiter untereinander zu einer strafbaren stempeln und etwa den Maßstab der gebotenen Höflichkeit eines Salons an ihre rauhen und derben Ausdrücke legen. Der den Richtern gelassene Spielraum bot also noch die größten Vorteile. Sehr richtig bemerkte daher Lord Coleridge 1891, daß dieses Wort (intimidation) nicht ein Kunstausdruck, sondern ein Wort der gewöhnlichen Sprache, des Alltagslebens sei und deshalb eine vernünftige Auslegung nur mit Rücksicht auf die näheren Umstände jedes einzelnen Falles erfahren dürfe. Eine erschöpfende Definition oder vollkommene Aufzählung aller hierher gehörigen Fälle war in der Tat zwecklos und unmöglich. Ein Präzedenzfall war außerdem damit nicht enstanden. Man denke nur an die in den parlamentarisch regierten Ländern getroffenen Strafbestimmungen über die Beeinflussung der Wahlen wie sie auch in England die Corrupt Practices Act kennt. Mit keiner Silbe verrät das Gesetz etwas über den Zeitpunkt des Beginnes der Wahlen, trotzdem ist es aber nie einem Richter eingefallen, eine bestimmte Stunde festzusetzen.

War man einer gesetzlichen Fixierung der „intimidation" abgeneigt und möglichst aus dem Wege gegangen, so mußte doch auch ein judge-made-law gewisse Anhaltspunkte zu seiner Begründung finden und geben. Die Erweisbarkeit eines Furchtgefühls vor persönlicher Gewalt, wie sie die erwähnte Curran v. Treleaven-Entscheidung als ausschlaggebend ansah, war als Maßstab unbedingt zu weit gefaßt und verlangte nach näherer Begrenzung. Wann lag eine solcherweise begründete Furcht vor? Die Antwort darauf blieb nicht aus. Die Criminal Law Amendment Act von 1871 hatte den Friedensrichter ermächtigt, im geeigneten Falle gegen den Einschüchterer gesetzliche Maßnahmen zu ergreifen. Als nun die Conspiracy Act von 1875 an ihre Stelle trat, übernahm sie zwar den Ausdruck, aber ohne die genannte Beschränkung, was trotz alledem, so argumentierte man, nicht hindere, die „Einschüchterung" weiterhin in der Konstruktion von 1871 auszulegen. Die Worte in Subsection 1 „or his wife or children" sollten nur als ein Zusatz ex maiore cautela gelten, ebenso wie die im Kopfsatz der Section 7 — („compels any other person to abstain from doing . . . . . . such other person has a legal right .....) auftretenden Worte „such other“ nach einem Entscheide des Appellationsgerichtshofes als „any other“ interpretiert werden müßten[1]. Dadurch sollte verhindert werden, daß eine flüchtige Betrachtungsweise in dem Paragraphen lediglich eine Schutzbestimmung für den Arbeiter, nicht dagegen für den Arbeitgeber sah und demgemäß nur für die direkt vergewaltigte Person das Recht auf eine Schadenersatzklage oder injunction daraus folgerte[2]. Doch wird diese Frage besser in anderer Verbindung später untersucht. Jedenfalls kam man so auf Umwegen zu dem Resultat, Einschüchterung bei Androhung irgendeiner der von Section 7 verbotenen Handlungen für vorliegend zu erachten. Nötig waren die geschilderten Verwicklungen nicht, wäre man mehr dem Wortlaut der Conspiracy Act selbst gefolgt. Nach alten Vorbildern versteht sie unter „intimidation“ jede Drohung einer Person, eine ungesetzliche Tat zu begehen in der Absicht, eine andere Person zur Begehung einer ungesetzlichen Handlung zu zwingen oder von einer gesetzlichen abzuhalten, vorausgesetzt, daß dieses Vorgehen bei der betroffenen Person begründete Furcht erregt. Bis dahin hatte man sich dem Gesetz angeschlossen, dagegen die in Section 7 ebenfalls enthaltene Begrenzung nicht beachtet, d. h. ausgestoßen in der Absicht des Zwanges, muß ihr voraussichtliches Resultat mit Handlungen kollidieren, zu deren Vollzug Dritte ein gesetzliches Recht, gesetzliche Ermächtigung haben resp. nicht haben. Da nun gesetzliche Rechte sich nur auf bestimmte Handlungen erstrecken können (Section 7 macht sie namhaft), so schied das bloße Erschrecken von vornherein aus dem Begriff einer strafbaren Einschüchterung aus. Jede andere Argumentation mußte sonst unbedingt eine Streikandrohung, um den interessantesten Fall anzuziehen, als illegale und kriminelle intimidation zur Verurteilung führen.

Diese Ableitung war den Gerichtshöfen der 90er Jahre augenscheinlich nicht bewußt, — oder scheuten sie sich, den Arbeitern mit bezug auf Streikaktionen gesetzliche Rechte direkt zuzusprechen? Selbst ordnungsmäßiges und ohne Gewalttaten verlaufendes Streikpostenstehen wurde bestraft, als Smith und Stephen im Jahre 1887/88 die erstgenannte Auslegung bedingungslos bestätigten. —

Der großen Blüte der englischen Volkswirtschaft von den 40er bis in die 70er Jahre war eine harte Depression gefolgt, das Steigen der Löhne und des Wohlstandes unter der Arbeiterbevölkerung einem rapiden Fallen aller Preise, hauptsächlich in der Kohlen-, Stahl- und Eisenindustrie gewichen. Die Ver-

[1] Cohen and Howell, Trade Union Law and Cases p. 145—47.
[2] Cohen and Howell p. 146. (Charnock v. Court. 1899, 2. Ch. 35; 80 L. J. N. S. 564).

minderung des Unternehmergewinnes reduzierte in der Folge die Arbeitslöhne und trieb die Zahl der Arbeitslosen so hoch, daß viele Gewerkvereine eine völlige Erschöpfung ihrer Fonds befürchteten. 1879 war der Höhepunkt der Krise erreicht, der Ruin der englischen Industrie schien vielen bei der herrschenden Freihandelspolitik nur eine Frage der Zeit. Was Wunder, wenn eine Fülle ernster Streiks zum Ausbruch kam, große Reformdemonstrationen und -prozessionen [1], denen sich die konservativsten Unionen anschlossen, Anfang 80 die Metropole Englands beunruhigten. 1885/86 traten die Wahlen ein, die Liberalen und Radikalen erfreuten sich der besonderen Gunst der arbeitenden Klasse, konnten sie indessen nicht erfolgreich verwerten. Denn als trotz alledem der Konservatismus seine Macht behauptete und siegreich aus der Wahlkampagne hervorging, schlossen sich die Arbeitermitglieder in beiden Häusern des Parlamentes enger zusammen und verfolgten unabhängig von allen Parteien eine ganz selbständige Politik zum Wohle des Trade Unionismus; nur hin und wieder, je nachdem es ihr Interesse oder politische Klugheit bei einzelnen wichtigen Frage erheischte, der einen oder anderen mehr zuneigend, keiner Freund, keiner Feind. Kodifikation des Criminal Law stand im Vordergrund ihrer Forderungen, ohne bei der im übrigen sehr regen Tätigkeit des Gesetzgebers von 1876—90 irgendwelche praktischen Erfolge auf dem Gebiete des Gewerkvereinsrechtes zu zeitigen. Mehr denn je benutzten die Unionen den Wiederaufschwung der Industrie und die Beruhigung der Gemüter dazu, dem inneren Ausbau ihrer Organisationen größere Aufmerksamkeit zu widmen und in erster Linie dem Fondswesen die Grundlagen eines dauernden Bestandes zu sichern. Dieser friedliche und wenig ereignisreiche Verlauf der Bewegung behagte aber durchaus nicht allen. Namentlich die jüngeren Elemente lehnten sich dagegen auf, spotteten über die Stagnation des Unionswesens und gaben schließlich den Anstoß zu dem berühmten Dockerstreik und dem Entstehen des New Unionsm, der mit Hartnäckigkeit dem Ziele zustrebte, möglichst alle Arbeiter in sich zu vereinigen, und der nicht zurückschreckte, den non-union-man mit Gewalt und Drohung zum Eintritt in einen Verein zu zwingen. Ein neues schwieriges Problem wurde dadurch in den Kampf hineingetragen. In keiner Periode wurde die „intimidation" so offenkundig als Waffe proklamiert und in Anwendung gebracht, als in den ersten Jahren des Neuen Unionismus. Die feindliche Stellung der Jurisdiktion, der harte Spruch der judge-made-laws ist daher nur zu leicht verständlich. Erst als nach dem 1873 kläglich gescheiterten Versuch einer Employers Federation zwanzig Jahre später die aggressive

[1] Vgl. Howell, Labour Legislation etc.

Politik der Gewerkvereine zu Neubildungen dieser Art führte, standen mit der 1899 gegründeten General Federation of Trade Unions zwei ebenbürtige Gegner einander gegenüber, welche sich zum Wohle beider Parteien zu der Ansicht durchrangen, nach Möglichkeit den offenen Krieg zu vermeiden und den von der Conciliation Act 1896 angedeuteten Weg zu beschreiten, bis der Taff Vale Streit 1901 die bekannte Umwälzung herbeiführte und von neuem die Kriegsaxt ausgrub. —

Es dürfte verständlich sein, wenn die so subtiler Unterscheidungen, wie die oben gegebenen, nicht gewöhnten und geistig nicht geschulten Arbeiter schließlich jede, auch einwandsfreie Verurteilung wegen Einschüchterung als schreiende Ungerechtigkeit bezeichneten und alles daran setzten, bedingungslose Anerkennung des picketing zu erlangen. Eine Anzahl Gesetzesvorlagen seit 1901 legt beredtes Zeugnis über diese Bestrebungen ab. Der von der Königlichen Untersuchungskommission 1905/06 aufgestellte Majoritätsbericht empfiehlt, jede Überredung zu streiken, also die Arbeit niederzulegen, unter Vermeidung eines Kontraktbruches, zu legalisieren. Dagegen wurde von einigen Mitgliedern Widerspruch erhoben, da die friedliche Überredung nie als solche, sondern immer nur in Verbindung mit Bewachen und Besetzen [1], gemessen nach dem Grade der Einschüchterung [2], verboten worden sei, und eine wirkliche Legalisierung der peaceable persuasion erst dann Garantie habe, wenn nicht allein die letztere Voraussetzung durch eben genannte Forderung fiele, sondern auch die erstere. Dadurch werde allerdings eine Abänderung von Section 7 der Conspiracy Act durch Widerruf von Subsection 4 (watches or besets the house or other place where such other person resides, or carries on business, or works, or happens to be ..., Bewachen oder Besetzen eines Hauses oder anderen Platzes, wo solche Person wohnt, ihren Geschäften nachgeht, arbeitet oder zufällig sich aufhält), sowie der saving Klausel unerläßlich. An beider Stelle hätte daher eine neue, auch Subsection 1 (uses violence to or intimidates such other person or his wife or children etc. ..., Anwendung von Gewalt gegen oder Einschüchterung solch anderer Person, ihrer Frau, Kinder usw.) aufhebende Subsection zu treten mit der Strafbarkeitserklärung von Handlungen, welche bei irgendeiner Person begründete Furcht vor Gewalt gegen sie und ihre Familienangehörigen oder vor Eigentums- und Vermögensschädigung erregen würden. Abgesehen davon, daß selbst eine nur nominelle Beseitigung der Kriminalität von Bewachen

---

[1] Jevons, Legal Handy Book p. 84/85.
[2] Ibid. p. 79—83.

und Besetzen mannigfache Bedenken trägt, zeigt doch die Kommission mit dieser und der Recommendation III des Berichtes — Legalisierung der Überredung zu streiken —, daß auch sie nicht hinwegkommt über die Notwendigkeit, trotz aller Sympathien für die Arbeiter und trotz weitgehender Zugeständnisse, eine Grenzlinie zwischen legaler und illegaler Überredung zu ziehen. Denn die in Recommendation VIII für strafbar zu erklärenden Handlungen „as to cause a reasonable apprehension in the mind of any person", welche nach der Empfindung der betroffenen Person begründete Furcht erregen[1], bedeuten doch nichts anderes, als eine Wiederbelebung oder richtiger Aufrechterhaltung des Einschüchterungsbegriffes. Gesetz wurden die Forderungen in dieser Form zwar nicht, wohl aber trat eine Verschmelzung von Recommendation III mit der Saving-Klausel ein, aus der weisen Erkenntnis heraus, daß die Anerkennung eines Picketing lediglich zwecks Entgegennahme und Erteilung von Informationen eine Verkennung der tatsächlichen Vorgänge bedeute, — so daß es heute als erlaubt gilt für eine oder mehrere Personen zu ihrem, einer Trade Union oder Firma oder eines einzelnen Arbeitgebers Nutzen, in Erwartung oder zur Förderung einer Gewerbestreitigkeit zu warten vor oder in der Nähe eines Hauses oder Platzes, wo eine Person wohnt, arbeitet, ihren Geschäften nachgeht oder zufällig sich befindet, wenn sie so warten nur zu dem Zweck, Informationen zu geben oder zu erhalten oder friedlich eine Person zu überreden zu arbeiten oder davon abzulassen[2].

So einfach und leicht verständlich die Klausel erscheinen mag, hat doch gerade sie in beiden Häusern des Parlamentes zu Erörterungen Anlaß gegeben, welche an Schärfe und Leidenschaftlichkeit hinter den Debatten über die Fondsschutzgesetzgebung in keiner Weise zurückstehen, diese vielmehr in der Fülle von Amendierungsvorschlägen weit zurücklassen. Sie sind daher eines näheren Eingehens würdig und bieten uns damit gleichzeitig Gelegenheit, Kritik zu üben.

Zunächst einige Fragen über die Zweckmäßigkeit und Erforderlichkeit gesetzlicher Maßnahmen in einzelnen Punkten. Ist es z. B. notwendig und der Mühe wert, bei der heutigen Ausbildung des Nachrichtenwesens erst das komplizierte Räderwerk der Gesetzesmaschine in Bewegung zu setzen, um

---

[1] Royal Commission 1906 p. 127—29.

[2] Über den ganzen Streit vgl. auch den Streitfall der Denaby and Cadeby Main Colleries L. v. The Jorkshire Miners' Association and others: Times' January 28, 29, 30; February 2, 3, 4, 5, 6, 9, 10, 15, 1904; May 20, 1905.

schwarz auf weiß bestätigt zu sehen, daß Pickets zur Informierung von Streikenden, Nichtstreikenden oder Streikbrechern gesetzlich erlaubt sind. Läuft die Forderung bei lokaler Begrenzung eines Arbeitsstreites nicht auf einen tatsächlichen Nonsens hinaus? — Man ist bei Beantwortung dieser Frage, die ja schon in der 75er Akte aufgetreten war, vielfach sehr schnell mit einem oberflächlichen Urteil bei der Hand gewesen; auch der Königlichen Kommission von 69 bleibt dieser Vorwurf nicht erspart, wenngleich bei ihr Überlegungen politischer Natur zu einer parteilich gefärbten Schlußfolgerung geführt haben mögen. Man braucht deshalb nicht in gegenteilige Übertreibungen zu verfallen und den Erfolg eines Picketing von der Information allein abhängig zu machen. Gewiß gibt es heute und wird es immer Arbeiter genug geben, — extreme Non-Unionisten natürlich ausgeschlossen —, die ohne Kenntnis eines bestehenden Konfliktes sich dem Unternehmer durch Kontrakt verpflichten, zu dem sie sich bei besserem Wissen aus dem Gefühl der Solidarität heraus niemals herbeigelassen haben würden. Zudem sind in erster Linie solche Fälle in Betracht zu ziehen, in denen Agenten im Auftrage des Arbeitgebers aus allen Ecken und Winkeln des Landes die benötigten Arbeitskräfte zusammensuchen und die so zusammengewürfelten Elemente, von denen viele mehr aus Neugierde und angelockt durch die gemachten Verheißungen, als aus Gründen wirklicher Armut, Arbeitslosigkeit oder -freude ihr Heimatsdorf oder Stadt verlassen haben, per Schub an ihren Bestimmungsort senden. Solche Leute nur von dem Ausbruch eines Streiks zu unterrichten, hätte wenig Zweck, noch weniger Erfolg und würde oft auf Verständnislosigkeit stoßen. Aus vielen Darstellungen der sehr umfangreichen Streikliteratur gewinnt man geradezu den Eindruck, als ob den Streikbrechern, wenn sie vom Schiff das feste Land betreten, erst eine Serie volkswirtschaftlicher Vorlesungen über Wesen, Ursprung und Bedeutung der Streiks gehalten wird und gehalten werden muß. Selbstverständlich geben die Gewerkvereinspickets den Ankömmlingen in wenigen Worten Aufklärung über Ursache, Gründe und Umfang der Arbeitseinstellung. Hauptsache ist und bleibt jedoch das Angebot vorteilhafterer Arbeitsbedingungen oder angemessener Entschädigungen, um auf diese Weise die Absicht des Unternehmers zu durchkreuzen, die Streikbrecher zur Lösung ihrer eingegangenen oder einzugehenden Verpflichtungen zu veranlassen. Soll es doch Elemente geben, die ein Gewerbe daraus machen, sich bei Ausständen und Aussperrungen in möglichst auffälliger Weise als Streikbrecher aufzuspielen, um so eine Zeitlang auf Kosten der Union ein behagliches Leben zu führen. Auch die Gewerkvereine können sich, wie wir sehen, nicht völlig von Schmarotzern freihalten; obiges, ein

Gegenbild zu jenem James Kay, der sich zur Zeit der Greueltaten in Manchester und Sheffield rühmte, „to have done nothing else and to have lived only by such employment", „employment", darunter verstand er Morde und Brandstiftungen, für die er von den Unionen beauftragt und bezahlt wurde[1]. Non-union-men größerer Städte werden wenig Verlangen zeigen, sich den ihnen wohlbekannten Unannehmlichkeiten und Gefahren eines Streikbruches auszusetzen, zumal wenn eine machtvolle Union hinter den Ausständigen steht und sie mit der Eventualität rechnen müssen, nach Einstellung der Feindseligkeiten und Beilegung des Streites von den alten eingearbeiteten Kräften kurz oder lang wieder ersetzt zu werden. Die Art der Beschäftigung, ob gelernte oder ungelernte Arbeit, und mannigfache andere Umstände geben den Ausschlag. Das Niveau der Streikbrecher ist daher im allgemeinen und sofern nicht Sonderverhältnisse vorliegen, wie Hungersnot, Industriekrisen usw., wo selbst die geringst entlohnte und gefahrvollste Tätigkeit ihren Meister findet, kein allzu hohes, jedenfalls aber nicht das des Trade-Unionisten[2]. Das Vorgehen der Gewerkvereine in dieser Hinsicht wirkt gewissermaßen erzieherisch, führt jedenfalls aber zu der Folgerung, daß das Wesen der Information nicht in der Information als solcher, sondern in der sich unmittelbar daran anschließenden Überredung zu suchen ist. Die unglückselige Verwirrung, welche das Konspirationsgesetz damit heraufbeschworen hatte, daß es jene Folgerung nicht zog oder ziehen wollte, hatte ja erst die einsichtigeren unter den Richtern zu der genügend erwähnten difficilen Auslegung gezwungen. Wenn nun heute

[1] Vgl. Saturday Review April 4, 1868.

[2] Bell, am 28. März 1906. Commons: „Aus allen Teilen des Vereinigten Königreiches wurden (im Taff Vale Streik) Leute zusammen gebracht. Bei einer Gelegenheit wurde den Agenten des „Freien Arbeiter-Verbandes" 30 s. pro Mann (d. h. Ersatzmann für die Streikenden) ausgezahlt. Diese Agenten waren nicht sehr wählerisch, wo sie die „Köpfe" herbekamen. So brachte der 9[15] Zug aus Paddington (Vorstadt von London) einst zwei Wagen mit 38 Mann mit. Mehrere dieser Leute kamen aus Holloway und Brixton (Gefängnisse), die anderen aus Straßenecken und Destillen ..... Die Agenten schlossen mit ihnen Kontrakte für die Taff Railway Comp. Die Männer hatten ihr Fahrgeld bezahlt, Getränke wurden ihnen geliefert, nnd einige hatten bei ihrer Ankunft in Cardiff einen Rausch. Er (Bell) befand sich auf der Station. Die Railway Comp. hatte dort eine Armee von Polizisten postiert, zwei für jeden „blackleg". Er näherte sich den Leuten am Wagenfenster, während die Polizei scharf aufpaßte und auf jedes seiner Worte achtete ... Er erzählte den Leuten die näheren Umstände des Streiks und überredete sie nach Kräften, nicht für die Railway Comp. zu arbeiten ... Sie antworteten ihm, kein Geld für die Rückfahrt zu besitzen. Er versprach, es für sie zu zahlen und sie bis dahin nach Möglichkeit mit Erfrischungen zu versorgen. Das Anerbieten wurde von 32 angenommen, welche ausstiegen ..... Und das wurde als ungesetzliche Handlung angesehen." —

die Trade Disputes Bill diesen Zustand beseitigt hat, wenn sie die friedliche Überredung zur Arbeitseinstellung als legal besonders markant in der Klausel hervorhebt, macht sie dadurch nicht die erste Bestimmung überflüssig, birgt die Überredung nicht notwendig eine Information in sich oder haben diese Worte nur Berechtigung und Bedeutung ex maiore cautela? — Dem Anscheine nach war auch einigen Mitgliedern der Oppositionspartei bei den parlamentarischen Verhandlungen von 1906 das starre Festhalten der Unionisten (d. h. der Anhänger der Gewerkvereinsbewegung, nicht etwa die politische Partei der sogenannten Unionisten) an der Inaugurierung beider Bestimmungen nicht recht verständlich und eher sehr verdächtig. Der Schleier fiel erst, als sie mit einem Amendierungsvorschlag, die Information auf Pickets von höchstens zwei oder drei Personen zu beschränken, hervortrat. Wieviel Scharfsinn und Überredungskunst aufgewendet wurde, den Gewerkvereinen die Zweckmäßigkeit dieses Amendement zu beweisen, ist kaum glaublich. Ein wahres Feilschen um die Zahl entstand. Das Haus der Lords am 12. und 16. Dezember hat darin Unvergleichliches geleistet. Von 2 und 3 kam man auf 10, 20, 100, ohne jedoch den Widerstand der Arbeitervertreter im Hause der Commons brechen oder ein Kompromiß herbeiführen zu können. Denn diese wußten nur zu gut, was auf dem Spiele stand. Mit allgemeinen Redensarten parierten sie die Angriffe der Gegner; behutsam bedacht, sich keine Blöße zu geben oder Farbe zu bekennen, vermieden sie es, auf den minutiösen Sezierungsprozeß der Opposition einzugehen. Erst die launige Anfrage eines Abgeordneten, ob die Regierung beabsichtige, dann eine bestimmte Entfernung für die Aufstellung von Drei-Männer Pickets vorzuschreiben, um pfiffige Unternehmer nicht etwa auf den Gedanken zu bringen, in geringen Abständen je ein Picket mit der gesetzlich erlaubten Zahl von Posten aufzustellen, — herzliches Gelächter belohnte die in dieser Situation sicherlich geniale Idee — brachte wieder mehr Sachlichkeit in die von alt abgedroschenen Phrasen und unendlichen Wiederholungen entstellten Reden. Man sah allmählich ein, wie verkehrt es sei, eine Zahlengrenze zu fixieren, mannigfache Bestimmungen anderer Art wurden dann unabweisbar. Bei großen und größten Fabrikanlagen mit vielen Ein- und Ausgängen und Hunderten von Arbeitern wären drei Mann zur Information pro nihilo; sollen sie sich teilen, sollen an jedem Zugang drei gestattet sein, wird das Picket ungesetzlich mit dem Augenblick, wo ein vierter — vielleicht ein guter Freund — sich ihm beigesellt, ohne aktiv einzugreifen? Wir sehen, eine Frage jagt die andere, und keine ist auf Gesetzeswegen zur Zufriedenheit der Interessenten ohne starke Einschränkung ihrer staatsbürgerlichen Freiheit zu lösen. Die schließliche liberale Stellungnahme der Trade Disputes Bill zu besagten Streitpunkten ist natürlich cum grano salis zu verstehen. Gibt sie auch keine Maximalzahl an, — „zwei oder mehrere" sagt sie —, so bleibt ihr doch genügend Spielraum, um im geeigneten Falle Einhalt zu gebieten, d. h. da, wo die Ansammlung großer Arbeitermassen die öffentliche Ordnung und Sicherheit oder Leben und Gesundheit einzelner Personen zu gefährden droht. Vergessen wir nicht, nur die friedliche Überredung bleibt straflos, die vorangestellten Darlegungen über den Begriff des „friedlichen" behaupten ihre unumschränkte Geltung; m. a. W. friedlich heißt ohne Einschüchterung d. i. ohne Furcht vor persönlicher Gewalttat, wie sie Section 7 als ungesetzlich nambar macht. So sonderbar der Streit um die Zahl anfänglich berühren mag, er ist es nichtsdestoweniger allein, der über das innere Wesen der Information Aufschluß gibt. Eine Beschränkung derselben wie der friedlichen Überredung auf zwei oder drei Personen mußte jedes picketing zu einer Farce herabdrücken, abgesehen von unbedeutenden Zwergunternehmungen und ganz kleinen Meistern. Wenigen kann der Streikbrecher entschlüpfen, nicht aber einer Menge von 80, 90, 100 und mehr. Die Masse soll schon wirken, soll bekehren ohne ein einziges Wort der Überredung. Deshalb widersetzten sich die Gewerkvereinsführer so energisch jeder Begrenzung derselben, denn diese mußte, da sie notwendig eine Information einschließt, auch letztere treffen, — und darf anderseits eine Bestimmung darüber in der Klausel nicht fehlen, da die Union auch ohne Überredung eventuell ihr Ziel erreichen will. —

Sind diese Maßnahmen einer liberalen Regierung nun wirklich so liberal im Gegensatz zu denen der konservativen vom Jahre 1875? — Die Strafbarkeit der in Section 7 der Conspiracy Act aufgeführten Streikaktionen ist aufrecht erhalten worden, die Argumentation dieselbe geblieben. Immerhin wurden schon während der Parlamentsverhandlungen Stimmen laut, welche die Klausel als eine unerhörte, allem Gerechtigkeitsgefühl Hohn sprechende, Privilegien schaffende Verirrung der Gesetzgebung bezeichneten, ohne zu überlegen, ob diese übereilte und oberflächliche Schlußziehung nicht in erster Linie einer Verirrung des eigenen Gedankenganges zur Last gelegt werden muß. Es ist wunderbar; bei dem geringfügigsten Rechtsstreit konsultieren die Menschen den Advokaten, bei jeder Krankheit den Arzt aber einen Staat zu regieren und die besten Gesetze zu erlassen, dazu hält sich jeder für befähigt. Immerhin, auch Männer von Distinktion hielten mit Befürchtungen mancherlei Art nicht zurück. So äußerte sich Professor Dicey über den mutmaßlichen Erfolg der Bill folgendermaßen: „Die Strafen auf picketing sind gemildert, aber nur während eines gewerblichen Streites.

Wenn X, Y und Z das Haus des A besetzen in der Absicht, ihn zum Eintritt in die Primrose League (Konservativer Verein, so genannt nach der Lieblingsblume, Schlüsselblume, des Lord Beaconsfield. gest. 1881) zu zwingen, so werden sie womöglich mit drei Monaten Zuchthaus bestraft. Trade Unionisten machen sich dagegen nicht strafbar, wenn sie andere überreden, einen Kontrakt zu brechen usw. usw.!" Die letzte Beschuldigung mag vorläufig auf sich selbst beruhen, um an geeigneterer Stelle Beurteilung zu finden. Feststellen sollte das Zitat nur, und darin ist Professor Dicey allerdings beizupflichten, daß die Bill und speziell die hier behandelte Klausel nicht nur im allgemeinen, sondern auch im besonderen den Gewerkvereinen eine Ausnahmestellung zuweist insofern, als eine Reihe von Handlungen im Verlaufe eines Streiks aus dem Bereich richterlicher Verfolgung gezogen sind, welcher sie ohne genannte Prämisse zweifellos ausgesetzt wären. Das berechtigt indessen noch keineswegs zu den geschilderten Befürchtungen und Charakteristiken. Die Trade Unions sind nun einmal eigenartige Organisationen, die eine Sondergesetzgebung und anomale Rechtsstellung beanspruchen können und müssen, nichts zeigt das wohl deutlicher, als die Frage ihrer Inkorporierung. Warum soll im Kriege zwischen Arbeitgeber und -nehmer nicht bis zu einem gewissen Grade wenigstens der im Kampfe der Nationen proklamierte Satz gelten „inter arma leges silent?" Sehr richtig bemerkt Bell am 28. März 1906 im Hause der Commons: Man dürfe nicht vergessen, daß Hauptzweck der in Streik verwickelten Unionen und Unternehmer doch sei, sich gegenseitig zu schädigen. Eine vernünftige Auseinandersetzung werde sonst nicht erreicht.

Man hat verschiedentlich den Versuch gewagt, durch Beseitigung des Satzes „in contemplation or furtherance of a trade dispute" (Handlungen in Erwartung oder zur Förderung eines Gewerbestreites) diese Tatsache wegzuleugnen. Unter anderem beantragte Frederic Banbury am 27. Juli (Commons) die Insertion der Worte „disputes as to wages or other conditions of labour" (Streitigkeiten über Löhne oder andere Arbeitsbedingungen), welche die Operation der Klausel und damit die Gesetzlichkeit der Arbeiterverbände und ihre Politik auf ein Minimum reduziert hätten. Die Amendierung war auch wohl im wesentlichen nur gedacht als ein Hauptcoup gegen die Sympathiestreiks, zurückgreifend auf den Rechtsfall Lyons v. Wilkins, der unter einem „trade dispute" nur einen Streit zwischen Unternehmer und s e i n e n Arbeitern verstanden wissen wollte, während die Klausel sie als ein Arrangement in contemplation or furtherance of a trade dispute legalisierte [1]. Dem Wortlaut der Klausel gemäß erstreckt sie ihre

[1] Es ist nicht leicht, einen Unterschied festzustellen zwischen Hand-

Kompetenz nicht nur des weiteren auf die Unionen der Arbeitgeber, soweit sie der Trade Union Definition in Section 16 der Trade Union Amendment Act von 1876 entsprechen, also Handel und Gewerbe freiheitliche Beschränkungen auferlegen, sondern auch auf den einzelnen alleinstehenden Unternehmer. Mit bezug auf ihre Rechtsstellung bei Vereinbarungen, Kontrakten, Vermögensschutz, Streikaktionen usw. haben sie demzufolge den Arbeiterverbänden nichts voraus. Es hat lange gedauert, ehe man sich zu diesem Zugeständnis entschloß; ein Verdienst Lord Cecils ist es, auf die Benachteiligungen hingewiesen zu haben, die aus dem Wegfall der Worte „or of an individual employer" für eine bestimmte Bevölkerungsgruppe erwuchsen. Noch am 3. August 1906 war die Amendierung mit 23 „Ayes" und 173 „Noes" im Hause der Commons zurückgewiesen worden, da Walton den Schutz des Common Law für völlig ausreichend erachtete. Glücklicherweise wurde später noch die Insertion durchgedrückt und damit auch dem außerhalb eines Verbandes stehenden Arbeitgeber das Recht zugesprochen, „counter pickets" aufzustellen, friedlich Arbeiter zu überreden, für ihn zu arbeiten, für andere nicht zu arbeiten usw. usw. Keine Anwendung findet die Klausel auf Agrarstreiks und Streitigkeiten in Irland, d. h. nur soweit die Beziehungen zwischen Grundherren und Pächter in Frage kommen, nicht etwa mit bezug auf Landarbeiter und ihre Unionen. Große Beängstigung klingt aus den Worten jener großen irischen Magnaten wie Lord Dumbyne und Marquess of Londonderry, die Bill möchte das gefürchtete Boykottierungssystem der United Irish League legalisieren und so das Land ruinieren. Die Debatten im Hause der Lords am 12. und 14. Dezember 1906 drehten sich fast lediglich um diese Frage und brachten bei der Abstimmung über den diesbezüglichen Amendierungsvorschlag: — „Nichts in dieser Akte soll Anwendung finden auf irgend etwas, getan in Erwartung oder zur Förderung eines (—) Streites[1], welcher entsteht aus dem oder außerhalb des oder direkt oder indirekt verbunden mit dem Genuß, Gebrauch usw. von Grund und Boden irgendeiner oder mehrerer Personen" — 64 „Contents" und 20 „Not-Contents", (d. h. Zustimmung und Nicht-Zustimmung, im Gegensatz zum Unterhaus, das mit Ages — Ja und Noes — Nein abstimmt. Der Antrag ist wörtlich übersetzt. Seine Schwülstigkeit liefert den besten Beweis dafür, welche Angst die Agrarier vor einer Ausdehnung des schützenden Gewerbevereinsgesetzes gegenüber Landarbeiter-Unionen ver-

lungen, getan in Erwartung und Handlungen, getan zur Förderung eines Streiks. F. Banbury meinte, ein Trade Dispute beginne mit dem Herausrufen oder Aussperren der Arbeiter. (Rufe der Arbeiterpartei: No! No!)

[1] Also kein „trade" dispute.

spürten. Der Antrag sollte nicht klar formuliert sein, um so den unter den Lordrichtern sitzenden Agrariern stets die Möglichkeit zu geben, bei Gelegenheit durch ein judge-law gegen solche Unionen vorzugehen und Interessenpolitik zu treiben). „Wir in Irland", sagt der Marquess of Londonderry (1886—89 Vizekönig von Irland), „die wir die loyale und arbeitsame Bevölkerung Irlands vertreten, reden kein Wort gegen die Gewerkvereine als solche, aber ich fürchte, daß unter dieser Bill jene irischen Organisationen, welche in der Vergangenheit soviel Verderben verbreitet haben, als Trade-Union anerkannt und in die Bill eingeschlossen werden mögen." Das Resultat einer solchen Subsection wäre, wenn von den gesetzlichen Körperschaften genehmigt, auf Unterdrückung der Unionsbildung und Unmöglichkeit erfolgreicher Streiks, sowohl seitens der Landarbeiter, als der Baugewerbe Irlands hinausgelaufen. Die Befürchtungen der Lords waren übertrieben, eine Differenz zwischen Grundherren und Pächtern ist kein Streit im Sinne eines trade dispute, d. h. zu den sogenannten trade disputes zählt man dem Anschein nach nur die zwischen Arbeitgeber und -nehmer ausgebrochenen Streitigkeiten. Gegner unter dem Schutze der Gewerkvereinsgesetze von 1871—1906 dürfen demnach nicht sein Arbeitgeber oder Arbeiter[1], noch deren Verbände und Ringe untereinander, eine scharfe Grenze ist allerdings schwer zu ziehen, judge-made-laws werden von Fall zu Fall eine Entscheidung darüber fällen müssen.

Die Auseinandersetzung über peaceable persuasion war, wie wohl noch erinnerlich, ausgegangen von der bei Furcht vor persönlicher Gewalt als vorliegend erachteten, durch Section 7 der Konspirationsakte von 1875 mit drei Monat Gefängnis bestraften intimidation. Die Berechtigung dieses vom Kläger geltend gemachten Furchtgefühls anzuerkennen oder abzusprechen, ist Sache des Gerichtshofes, Sache eines besonderen judge-made-law. Es liegt daher nicht im Rahmen unserer Aufgabe, auch nur auf eine Aufzählung der hierher gehörenden Fälle oder ihrer Modifikationen und mannigfaltigen Kombinationen einzugehen. Aber eines der wichtigeren und für den Kampfeszustand zwischen Kapital und Arbeit vielleicht wichtigsten soll hier gedacht werden, nämlich der Streikandrohung. Läuft sie auf eine Einschüchterung hinaus oder nicht? Nach zwei sich widersprechenden Antworten in Curran v. Treleaven 1891[2] und einem Urteile des Oberhauses mußte die Jury in dem berühmten Allen v. Flood[3] case vom Jahre

[1] A. Lyttelton, The Law of Trade Combinations (A Policy of Free Exchange) p. 287. Assinder p. 46—59.
[2] Royal Commission 1906 p. 92.
[3] Ibid. p. 102—04; 24—30. Ruegg and Cohen p. 24—29 (Quinn v. Leathem, Allen v. Flood).

1898 endgültig Stellung zu dieser Frage nehmen. Gegen Allen, einen Gewerkvereinsagenten, lag eine Zivilklage vor, weil er in der Absicht, zwei Schiffsbauer zu schädigen, sagt die Anklageschrift, die sie beschäftigende Glengall Iron Company genötigt hatte, die Kläger zu entlassen und keinen neuen Kontrakt mit ihnen zu machen. Von Allen war dem Gesellschaftsdirektor mitgeteilt worden, daß im Falle einer Weiterbeschäftigung der beiden Schiffsbauer der Gewerkverein seine sämtlichen Mitglieder zum Streik herausrufen würde. In der äußerst scharf geführten Verhandlung betonte Hawkins, daß jede Drohung, sei es durch Tat oder Wort, welche eine Person aus Furcht zu einer gegen ihren Willen und ihr zum Schaden ausschlagenden Handlung zwingt, auf einen Versuch zur Einschüchterung hinauslaufe und zu einer Klage berechtige. Im vorliegenden Falle habe der Angeklagte vorsätzlich und in ungerechter Weise, unrechtmäßig und „tyrannisch" in die Rechte des Klägers eingegriffen und sie verletzt durch den Zwang gegen die Gesellschaft, deren Werke bei einer Stilllegung des Betriebes unersetzbaren Schaden erlitten haben würden. Diesen Ausführungen trat Lord Watson (in seiner Eigenschaft als Richter) energisch entgegen mit dem Hinweis, daß es gerade die Pflicht Allens gewesen sei, die Gesellschaft von der Stimmung und den Beschwerden ihrer Arbeiter zu unterrichten und ihr genügend Bedenkzeit zu geben, um entweder die Forderung anzuerkennen oder einer Schädigung der Geschäftsführung rechtzeitig und am zweckdienlichsten vorzubeugen. Wenn die Kompagnie in Anbetracht der Beschwerden ihrer Hauptarbeitermasse mit der Entlassung der Kläger eine Maßnahme ergriffen habe, die ihren Interessen am besten entsprach, so könne er darin keinen Zwang erblicken. — Das Urteil lautete dementsprechend, die Streikandrohung galt somit als gesetzlich erlaubt. —

Doch schon drei Jahre später wurde die Gewerkvereinswelt von neuem in Spannung und Erregung versetzt, traten neue Zweifel ein. Die Entscheidung des Hauses der Lords in Quinn v. Leathem schien dem in Allen v. Flood niedergelegten und zugunsten der Unionen ausschlagenden Prinzip widersprochen, das hohe Haus sich selbst widerlegt „overruled" zu haben. Eine wahre Entdeckungswut nach kühnen Thesen und Hypothesen spricht zu jener Zeit aus den Spalten der Zeitungen, aus Reden und Redewendungen. Die Wörterbücher waren nicht sicher vor jenen Schnüfflern, welche nach unbestimmten Ausdrücken herumstöberten, den alten Definitionsstreit über „to coerce", „to induce" und „to compel" zum Entsetzen aller Trade Unionisten wieder auskramten, geheimnisvolle Konstruktionen aufbauten und schließlich im Nebel der höchsten philosophischen Regionen verschwanden. — Eine wissenschaftliche Kritik des Rechtsstreites hat ein solches Verfahren zu vermeiden, vielmehr von einer einfachen Betrachtung des nackten Tatsachenbefundes ihren Ausgang zu nehmen:

Kläger war ein Schlächter in Lisburn, Beklagter Schatzmeister eines Gewerkvereins von Schlächtergesellen, welche sich 1895 zusammengeschlossen und in ihren Satzungen verpflichtet hatten, nicht mit sogen. non-union-men zusammen zu arbeiten, noch Vieh auszuschlachten, das von Lieferanten oder Plätzen kam, die Nichtorganisierte beschäftigten. Im Sommer desselben Jahres verlangte der Gewerkverein die Entlassung sämtlicher Nichtunierten des Lisburner Meisters, der dieser Aufforderung zwar nicht entsprach, sich aber unter Zustimmung seiner nichtorganisierten Arbeiter erbot, das Eintrittsgeld in die Union für sie zu bezahlen. Das gütliche Entgegenkommen des Arbeitgebers wurde jedoch zurückgewiesen mit der Begründung, daß eine Bestrafung der non-union-men bezweckt sei. Die Union zwang außerdem einen Abnehmer in Belfast, namens Munce, unter Androhung von Streik, seine kontraktlichen Beziehungen zu Leathem in Lisburn zu brechen. —

Schon die bloße Gegenüberstellung der Tatsachen in beiden Streitfällen lehrt, — so vertrat der Gerichtshof die Verurteilung des Gewerkvereins — daß Quinn v. Leathem garnichts zu tun hat mit einem Gewerbestreit im Sinne von Section 3 der Conspiracy Act 1875, welche eine Vereinbarung oder Kombination von zwei oder mehr Personen, selbst eine Handlung zu begehen oder eine solche zu veranlassen, in Erwartung oder zur Förderung eines Gewerbestreites zwischen „Arbeitgeber und -nehmern", d. h. s e i n e n Arbeitern, nicht als klagbare Konspiration ansieht, wenn die Handlung, begangen von e i n e r Person nicht als Vergehen strafbar war. Zwischen L e a t h e m und s e i n e n L e u t e n bestanden keine Differenzen, keinerlei gewerbliche oder individuelle Interessen wurden vertreten, sondern offensichtlich nur Schädigung der non-unionmen wie des Klägers und Dritter (Belfast) d u r c h K o n t r a k t b r u c h wurde beabsichtigt. Allen dagegen führte mit allen gesetzlich erlaubten Mitteln einen Kampf zwischen Arbeitgeber und -nehmer; in allem was er tat und sagte, übte er nur sein und seiner Mitarbeiter Recht aus, als Konkurrenten auf dem Arbeitsmarkte aufzutreten.

Weder Konspiration noch Zwang oder Kontraktbruch kamen zur Anwendung. Die Verurteilung der Union in Quinn v. Leathem[1] war daher berechtigt oder, um mit Lord Lindley zu reden: „Der Kläger hatte die Rechte eines britischen Untertanen, d. h. es stand ihm frei, seinen Lebensunterhalt auf seine Weise zu erwerben, vorausgesetzt, daß kein Spezialgesetz ihn daran hinderte und er nicht die Rechte anderer verletzte. Diese Freiheit involviert die andere, mit Leuten Geschäfte

[1] Royal Commission. 1906 p. 84—86; 107 Appendix II.

abzuschließen, welche ihm geeignet erscheinen. Das Korrelat dazu ist die allgemeine Pflicht jedes einzelnen, die freie Ausübung dieses Rechtes nicht zu verhindern. Die Angeklagten aber, um den Kläger zur Entlassung seiner Arbeiter zu zwingen, bedrohten sowohl ihn wie seine Abnehmer und andere Personen, die rechtlich für ihn arbeiteten, mit allen Nachteilen, die sie ihnen ohne Benutzung von Gewalt zufügen konnten. Ein derartiges Betragen greift in des Klägers Rechte ein und berechtigt zu einer Klage. Die Angeklagten taten mehr, als ihre Rechte ausüben; sie diktierten dem Kläger, dem Abnehmer wie den Arbeitern, was sie tun sollten und zerstörten deren Freiheit des Handelns. —

Quinn v. Leathem sollte so bald nicht vergessen werden; die Tatsache, daß ein Streik nach Section 3 der Konspirationsakte nicht vorliegend erachtet wurde, war Ausgangspunkt der interessanten Recommendation II [1] des Majoritätsberichtes von 1906: jeden Streik, inklusive Sympathiestreiks, aus irgendwelchen Motiven und für irgendwelche Zwecke, abgesehen von Verbrechen und Kontraktbruch, legal zu erklären und das 75 er Gesetz auf sie auszudehnen. Mannigfache Befürchtungen und Bedenken, zumal seitens Sir Lushingtons wurden naturgemäß auch hiergegen in Geltung gebracht. Der Streik — so ihr allgemeiner Gedankengang — ist ja zweifellos ein altes Recht des Arbeiters, neubestätigt in vielen Entscheidungen, vor allem in Quinn v. Leathem selbst, wenn Lord Lindley sagt: „Absichtliche Schädigung, die sich ergibt aus der bloßen Ausübung der Rechte vieler, ist nach gegenwärtigem Gesetz nicht klagbar.“ Dem kann man wohl beistimmen. Immerhin lassen sich zwingende Einwände gegen eine unterschiedslose Legalisierung nicht unterdrücken. Eine besondere Folge von Umständen kann einen Streik in die Kategorie ungesetzlicher Handlungen einreihen, die Art und Weise seiner Ausführung aus einer vollkommen gesetzlichen Handlung ein „Werkzeug grausamer Bedrückung“ machen, gegen die das Gesetz unbedingt einschreiten muß. Die Entscheidung über Gesetzlichkeit oder Ungesetzlichkeit eines Streiks bleibt am besten den Gerichtshöfen von Fall zu Fall überlassen. Die Tendenz des Kommisionsvorschlages geht auf Erleichterung der Arbeitsstreitigkeiten. Ist an sich schon eine derartige Privilegierung der Gewerkvereine zu beanstanden, so wird sie geradezu zu einer Gefahr und Ungerechtigkeit bei der heutigen Richtung ihrer Politik gegen weniger machtvolle Gegner wie sie das Unternehmertum stellt,, nämlich gegenüber den unendlich schwächeren Nonunionsten, deren Stellung sowieso schon Benachteiligungen genug zeitigt. Ist doch in vielen Gewerben der Unternehmer gezwungen, keinen einzigen Nichtorganisierten zu beschäftigen. Obwohl das Verhältnis zwischen

[1] daselbst p. 120—21.

Unierten und Nichtunierten nur das von 1 : 10 ist, so ist doch die Minorität mittels ihrer Kombinationen imstande, „eine Art grausamer Tyrannei“ über die Majorität auszuüben. Ein besonderer Übelstand tritt auf in der Weigerung der Gewerkler, mit diesen Nichtunierten zu arbeiten. Unter den verschiedenen Wegen, auf denen sie ihr Ziel zu erreichen suchen, verdient insbesondere Beachtung der Zwang der Gewerkvereine auf Dritte, ihnen beizutreten. Das übliche Mittel hierzu ist die Streikandrohung gegen den Unternehmer, welche drei Rechtslagen schaffen kann. Entweder Kontraktbruch oder gegen den Willen erzwungene Entlassung wertvoller, oft für den Betrieb unentbehrlicher Arbeiter und drittens Verhinderung, neue einzustellen. — Soweit die Argumentation der Gegner. Sie zu widerlegen wurde seitens der Verfechter von Recommendation II nicht versucht oder besser, nicht für nötig befunden. Mußten sie auch manche ihnen entgegengestellten Einwände anerkennen, verschlossen sie sich jedoch trotz dem nicht der Tatsache, welche in der Unmöglichkeit und Schwierigkeit, in allen Fällen „secondary“ von ordentlichen Streiks scharf zu trennen[1], in die Erscheinung trat. Die Untersuchung, ob hier oder da ein Streit „between employers and workmen in their employ“ oder „between employers and workmen“ zum Austrag kam, hatte immer einen fruchtbaren Boden für judge-made-laws abgegeben. Die Trade Disputes Bill hat nun, um das gleich vorwegzunehmen, allerdings keine ausdrückliche Sanktionierung der Sympathiestreiks ausgesprochen, die im ersten Absatz eingetretene Änderung der Section 3 Conspiracy Act mit dem charakteristischen Wegfall der Worte „between employers and workmen“ läßt aber keinen Zweifel an der Anerkennung und gesetzlichen Gleichstellung von Sympathie- oder „secondary-“ mit gewöhnlichen Streiks aufkommen; die im ersten Teile dieses Kapitels geschilderten Vorgänge bei den Parlamentsverhandlungen haben das wohl bereits zur Genüge dargetan,

[1] Die Schwierigkeiten bei der Aufstellung unterscheidender Merkmale sind übrigens bezüglich Streiks und Aussperrungen dieselben. Praktisch läßt sich schwer feststellen, ob in dem einen oder anderen Fall der Arbeitgeber oder -nehmer die Initiative ergriffen hat. Angenommen in einem Industriezweige herrscht schlechte Saison, die Nachfrage nach den betreffenden Gütern fällt stark, dann wird der Unternehmer im eigenen Interesse versuchen, den Betrieb einzuschränken und durch Erniedrigung der Löhne, Verkürzung der Arbeitsstunden dabei, seinen Vorteil zu wahren. Die Arbeiter anderseits werden die Annahme seiner Forderungen verweigern und in weiterer Folge ihre Tätigkeit ganz einstellen, ein Vorwurf erwächst beiden Teilen daraus nicht. Ist das nun im Grunde genommen ein strike oder lockout. Viele Statistiken, unter ihnen die englische, machen daher schon seit Jahren keinen Unterschied zwischen beiden Kampfmethoden, was unliebsame Störungen oder Ungenauigkeit der Statistik nicht hervorruft, da die Zahl der Aussperrungen nur $1/20$ aller Streiks beträgt.

werden also durch letztere Betrachtung nur nochmals bestätigt. —

Doch zurück zu dem wichtigsten Fall der von den Gegnern des Majoritätsberichtes angefeindeten drei Rechtskomplikationen, dem Kontraktbruch[2], veranlaßt durch Zwang, Überredung zum und im Streik. Schon 1853 wurde das Klagerecht eines Meisters gegen eine oder mehrere Personen anerkannt, welche „einen oder mehrere Gesellen zwingen, einen mit ihm geschlossenen Vertrag zu brechen", und dieses Recht auch entfernten Dritten zugestanden, die aus solchem „boshaften" Vertragsbruch eine Schädigung ihrer Interessen abzuleiten vermochten. Von da ab spielt das Wörtchen „boshaft" eine bedeutende Rolle. Selbst noch der Appellationsgerichtshof in Allen v. Flood vertrat die alte Doktrin, gestützt auf eine mehr denn zweihundert Jahre zurückliegende Entscheidung des Chief Justice Holt in Keeble v. Hickernigill[1]: „boshafte Eingriffe in die Erwerbstätigkeit einer Person sind klagbar". Zu welchen Absonderheiten diese Lehre leicht führte, macht ein Schulbeispiel deutlich, das Lord Watson 1898 zum besten gab. Demzufolge war ein Meister, der einen Gesellen in täglicher Kündigung oder nach Ablauf seines Kontraktes entließ und sich weigerte, ihn weiterhin zu beschäftigen, — weil er ihn nicht leiden kann, — verklagbar, der Geselle oder Arbeiter anderseits für jeden Schaden ersatzpflichtig, der seinem Brotherrn infolge der, — aus Abneigung gegen ihn und mit Kenntnis oder Absicht daraus entstehender Unannehmlichkeiten — erfolgten Kündigung erwächst. Erst das Haus der Lords in Allen v. Flood brach mit der traditionellen Lehre, indem es das Urteil der zweiten Instanz aufhob und das der untersten wiederherstellte mit dem epochemachenden Entscheide, daß „eine an sich gesetzliche Handlung durch ein schlechtes Motiv nicht zu einer ungesetzlichen gestempelt werde!" Das Motiv konstituiert, wie Watson daselbst ausführt, nach englischem Recht kein Element einer zivilen Rechtsverletzung. Ein Eingriff in die bürgerlichen Rechte einer anderen Person ist an sich selbst ein Unrecht, das zu Schadenersatz der notwendigen oder natürlichen Konsequenzen verpflichtet, insofern diese für Personen, in deren Rechte ein Eingriff erfolgt ist, schädigend wirken, ob nun das Motiv gut, schlecht oder indifferent ist. Aber die Existenz eines schlechten Motives bei einer Handlung, die nicht in sich selbst ungesetzlich ist, macht diese

---

[1] Vgl. Royal-Commission 1906 p. 111—113. Streitfälle aus dem Jahre 1902.

[2] Der Angeklagte, Nachbar des Klägers, der auf seinem Besitztum Netze zum Fange von Vögeln aufgestellt hatte, um sie auf dem Markt zu verkaufen, verscheuchte durch Gewehrschüsse auf seiner Gemarkung die Vögel aus und von dem Netze.

nicht zu einer zivilen Rechtsverletzung mit Schadenersatzpflicht. Eine unrechte Handlung, getan wissentlich und in Erwartung ihrer schädlichen Folgen, mag im Sinne des Gesetzes boshaft sein; aber solche Bosheit leitet ihren wesentlichen Charakter her aus dem Umstande, daß die getane Handlung eine Rechtsverletzung schafft. Es gibt eine Klasse von Fällen, welche bisweilen als Beweis dafür angeführt worden sind, daß ein schlechtes Motiv ein Element in der Komposition einer zivilen Rechtsverletzung sein kann. Doch in allen diesen Fällen muß das Unrecht seine Wurzel haben in einer Handlung, welche das Gesetz allgemein als illegal betrachtet, aber ihre Ausführung unter gewissen exzeptionellen Umständen aus Erwägungen der öffentlichen Politik entschuldigt. Es gibt wohl bekannte Fälle eines Privilegiums, in denen der Schutz, welchen das Gesetz einem Individuum gewährt, darin besteht, daß es frei eine Handlung begehen mag, die ein Unrecht nach dem Gesetz ist und außerhalb seines Privilegs einen guten Klagegrund gegen dasselbe (das Individuum) geben würde. Erforderlich zur Aufrechterhaltung des Schutzes und des Privilegs ist, daß das Individuum selbst ehrenhaft handelt in der Ausübung seiner Pflicht, welche das Gesetz anerkennt. Das Individuum darf nicht getrieben werden von dem Wunsche, eine andere Person zu schädigen, welche von dieser Handlung berührt wird. Demgemäß muß bei einem Prozeß die betreffende Person, also der Kläger, die Absicht des Beklagten zu schädigen nachweisen. Keiner dieser Fälle beweist, daß ein Akt, der in sich selbst gesetzlich ist, gesetzwidrig wird, wenn getan aus einem schlechten Motiv heraus. —

Diesen Standpunkt hatte das Haus der Lords schon früher einmal in Temperton v. Russell[1] vertreten, ohne jedoch genügende Beachtung zu finden, ebenso wie die im Glamorgan-Falle getroffene subtilere, in dem bloßen „Rat geben“ erkennbare Unterscheidung; letztere praktisch durchzuführen erweist sich als unmöglich. Keinem Menschen wird es einfallen, einen Händler zu verklagen, der seine Waren unter dem Selbstkostenpreis verkauft, um das Publikum anzulocken, obwohl auch er das kaufende Publikum veranlaßt, mit seinen Konkurrenten keinen Vertrag zu schließen; oder denken wir weiter an das gesamte Reklame- und Annoncenwesen usw. usw. Anders lagen allerdings die Verhältnisse, wenn Zweck einer Preisunterbietung Zwang zum Kontraktbruch sein sollte. Insofern war es den Gewerkvereinen nicht gestattet, ihre Mitglieder zum Kontraktbruch mit ihrem Arbeitgeber zu veranlassen oder dabei zu unterstützen[2]. Immerhin ließ sich

[1] Royal Commission 1906 p. 83—85. Pennant p. 58—61.

[2] Royal Commission on Labour 1894 p. 157—61. Ruegg and Cohen p. 35—38(b). Contemplated Contracts.

keine feste Grenze ziehen, zumal gegen Section 3 der Conspiracy Act. Wurde dagegen der Arbeiter ohne Kontraktbruch, aber auf Betreiben einer Union entlassen, so stand ihm noch der Einwand offen, in der freien Selbstverfügung seiner Arbeitskraft behindert worden zu sein. Denn „ein jeder hat das Recht, nach freier Wahl die Bedingungen aufzusuchen, unter denen zu arbeiten er willens ist, und dieses Recht möchte verletzt erscheinen, wenn er gezwungen würde, in einer Werkstatt oder Fabrik mit anderen Leuten zu arbeiten, die ihm aus irgendeinem Grunde unsympathisch sind.“ Dieser in verschiedener Fassung oft zitierte Satz hat den Gegnern des Unionismus zu heftigen Angriffen gedient. Sie wollten zwar die Weigerung des einzelnen Unierten, mit non-union-men zu arbeiten, konzedieren, dasselbe Recht einem großen und machtvollen Körper wie dem Gewerkverein dagegen nicht einräumen. — Werden wir auf eine Kritik ihrer sogenannten Gerechtigkeitsforderungen auch erst nach Kenntnis des neuen gesetzlichen Standpunktes eingehen, steht doch jedenfalls soviel fest, daß ein derartiger idealer Zustand der Willensfreiheit jede Gewerkvereinsbildung leicht illusorisch machen kann. Denn rein spekulativ ist die Macht einer Trade Union, hervorgerufen durch das vereinte, übereinstimmende Handeln vieler, geringer als die des einzelnen Individuums. Dieses kann seine Bedingungen stellen, ganz individuelle Vorteile und Wünsche durchsetzen, nicht aber der Gewerkschaftler. Ihm bleibt allein die Möglichkeit einer aus vielfältig antagonierenden hervorgegangenen und daher bedeutend geschwächten Forderung. Der Unionsmann muß ebenfalls auf die Freiheit des Willens, des Handelns, kurz, auf die Freiheit des Arbeitsvertrages verzichten. —

Von ähnlichen Betrachtungen beeinflußt, empfahl der Majoritätsbericht der Königlichen Kommission 1906 die Schaffung einer gesetzlichen Bestimmung nach Beseitigung der Haftbarkeit für Handlungen, die, an sich nicht gesetzwidrig, eine Einmischung in Gewerbe, Geschäft oder Beschäftigung einer Person bedeuten; wobei vorwegnehmend bemerkt sei, daß ebenso wie nicht jedes in Subsection 2 der Section 7, Conspiracy Act 1875 aufgeführte „Verfolgen von Ort zu Ort“, sondern nur dasjenige, dem eine deutlich erweisbare Absicht zu irgendwelchem Zwange, also Einschüchterung, Hinderung an der Ausübung eines gesetzlichen Rechtes usw. zugrunde liegt, strafbar war und ist, auch für die Begründung einer Klage wegen „interference in trade“ es nicht genügte, wenn der Kläger allgemein nur eine Störung seiner Tätigkeit zu erblicken „glaubte“, sondern vielmehr nachweisen mußte, auf welche spezielle Verrichtung sich der störende Einfluß erstreckt hatte; so, um ein triviales Beispiel anzuführen, daß er, der Schustergeselle Palmer, behindert worden sei, einen Stiefel in der Werkstatt des Meisters Brown,

St. Vincent Street 13, zu besohlen. (Heute nur strafbar, wenn Handlungen der Section 7 Conspiracy Act 1875 in Anwendung kommen.) —

Aktuell wurde die Streitfrage über die Grenzen einer gesetzlichen „interference in trade", abgesehen von der Bestimmung der Criminal Law Amendment Act 1871, — keine Person wegen einer Handlung zu bestrafen, „die nur auf eine Beschränkung der Gewerbefreiheit hinauslaufe" (mit einigen Ausnahmen) —, doch erst in dem berühmten Mogul-Fall[1] von 1885—91. Angeklagt war eine Gesellschaft von Schiffseignern zur Monopolisierung des Teehandels zwischen Hankow und den europäischen Häfen. Zu diesem Zweck boten sie allen Verfrachtern einen Rabatt von 5 % und untersagten ihren Agenten bei Strafe der Entlassung, für oder mit den Klägern — eine konkurrierende Firma — Geschäfte zu vermitteln oder anderweitige Abmachungen zu treffen. In einem Falle wurden tatsächlich zuwiderhandelnde Agenten entlassen und die Kläger in Hankow durch die Reduktion der Frachtkosten genötigt, mit großen Verlusten zu arbeiten. Hatte Lord Esher in solchem Vorgehen der Gesellschaft eine strafbare Konspiration „in restraint of trade" erblickt und die Berechtigung einer Klage ausgesprochen, so setzte er sich mit dieser Rechtsauffassung in Gegensatz zu vielen seiner Amtskollegen. „Eine Vereinbarung zwischen zwei oder mehr Händlern", sagt er zur Begründung seiner Ansicht, „die keine Partner sind und auch nicht die Absicht haben es zu sein, sondern von denen jeder seinem Handel nachgeht, mit Ausnahme der vereinbarten Handlung, wenn diese in die Geschäftsführung usw. eines anderen hindernd eingreifen soll, so ist das eine Sache, die nicht getan ist im Verlaufe seines Gewerbes, Handels. Es ist deshalb ein unrechtmäßiger Akt gegen den anderen Händler und weiterhin gegen das Recht des Publikums, einen freien Wettbewerb unter den Händlern zu erhalten und ist, wenn ausgeführt und schädigende Folgen hervorrufend, klagbar, ebenso wie eine Vereinbarung zum Schaden des Publikums als strafbare und ungesetzliche Konspiration aufzufassen ist." Scharfe Betonung legt Esher im weiteren Verlauf seiner Ausführungen auf den boshaften Beweggrund der Handlungsweise seitens der Gesellschaft, wie ferner auf den Nachweis, daß die Handlung der Angeklagten nicht erfolgt sei in Ausübung eines ihnen eigenen Rechtes, da die niedrigen Frachtkosten auf die Dauer den Ruin des eigenen Geschäfts herbeigeführt hätten. Nun ergab sich allerdings aus früheren Entscheidungen die Klagbarkeit einer im gewöhnlichen Verlauf der Dinge

[1] A Lyttelton, The Law of Trade Combinations p. 290—92. Ruegg and Cohen p. 31—35 (a). Existing Contracts II. Interference with Contracts.

Eigentum, Gewerbe, Geschäft usw. schädigenden, absichtlichen, ohne rechten Grund oder Entschuldigung erfolgten Handlung. Absicht und Schädigung lagen in unserem Fall ohne Zweifel vor, aber weiter auch nichts, keineswegs persönliche Absicht, den Klägern größeres Leid zuzufügen, als unbedingt zur Erreichung des Zieles erforderlich schien. Weder Gewalt, Belästigung oder Einschüchterung usw. wurden nachgewiesen, der Schaden, den die Kläger erlitten, war genau begrenzt durch den Gewinn der Gegner. „Wenn auch“, sagt das Endurteil, „die Kläger ein gesetzliches Recht hatten und haben, ihrem Handel nachzugehen, so ist ohne weiteres nicht als strafbares Unrecht anzusehen, wenn sie in diesem Recht gegestört werden, denn es ist kein absolutes, sondern nur ein bedingtes Recht, bedingt durch dasselbe Recht der anderen Partei.“ Sichere Grenzen lassen sich auf diesem Gebiet, trotz mehrfacher Versuche des Gesetzgebers, nun einmal nicht ziehen. Die ältere Gesetzgebung schied z. B. „particular restraints“, als lokal begrenzte, und „general restraints“, als das ganze Königreich umfassende Beschränkung der Gewerbefreiheit. Letztere galt als durchaus ungesetzlich, erstere dagegen nicht bei „angemessener und guter Erwägung“ (consideration)[1]. „Eine Konkurrenz besteht dann, wenn zwei oder mehr Personen sich bemühen, dieselbe Sache zu besitzen oder zu genießen“, definiert der Kommissionsbericht 1906, d. h. mit anderen Worten, Erfolg des Einen bedeutet Verlust des Anderen, kein Gesetzesprinzip kann ein Eingreifen rechtfertigen oder den Verlust mildern. Da in unserem Falle weder das durch die Vereinbarung erwartete Resultat, noch die zu seiner Erreichung benutzten Mittel und verfolgten Methoden gegen das Gesetz verstießen, so war der Schaden ein damnum sine injuria. Betrachtungen über moralische oder kommerzielle Rechtfertigungsgründe sind nicht Sache des Gerichtshofes. Lord Eshers Prinzipien, übertragen auf Angelegenheiten des gewöhnlichen täglichen Lebens, würden zu einer Fülle unerträglicher Inkonvenienzen führen, jeden Konkurrenten, der von sich behauptet, die beste und geeignetste Persönlichkeit zur Erfüllung eines Vertrages zu sein, strafbar machen. Da die Eshersche Beweisführung auch nach Allen v. Flood wenig Beliebtheit und Beachtung in der Judikatur, vor allem im Hause der Lords als oberstem Gerichtshofe Englands, fand, ergab sich vor Inkrafttreten der Trade Disputes Bill von 1906 folgende diesbezügliche, in zwei Sätzen zusammengefaßte Rechtssituation: 1. Eine, gegen das bestehende Gesetz erfolgte direkte Verletzung der wirtschaftlichen Freiheit, Interessen, i. w. S. der gesetzlichen Rechte einer Person, ermächtigt nur diese zu einer Klage, nicht aber von den rück-

[1] Pennant p. 7, Streitfall: Nordenfelt v. Maxim Co. (1894) A. C. 535 und Swaine v. Wilson, 24 Q. B. D. p. 260/61.

wirkenden Folgen solcher Handlungsweise verletzte Dritte. 2. Eine gegen das bestehende Gesetz erfolgte Verletzung der wirtschaftlichen Freiheit, Interessen, i. w. S. der gesetzlichen Rechte einer Person, getan in der Absicht, Dritte dadurch in ihren gesetzlichen Rechten zu verletzen, berechtigt auch diese zu einer Klage. —

In beiden Sätzen ist von einer bestehenden Rechtsverletzung ausgegangen. Fällt diese Prämisse fort, so bleibt bestehen: 3. Jede Handlung, welche aus Eigeninteresse und zum eigenen Vorteil erfolgt, ist, wenn keine gesetzlichen Rechte anderer absichtlich verletzt werden, straflos, auch selbst dann, wenn ihr Resultat Dritte schädigt. —

Und nichts anderes sagt das Gesetz 1906[1], wenn es bestimmt:

Eine Handlung, getan von einer Person in Erwartung oder zur Förderung eines Gewerbestreites, soll nicht klagbar sein nur aus dem Grunde, daß sie eine andere Person veranlaßt, einen Kontrakt zu brechen[2], oder weil es eine Einmischung in Gewerbe, Geschäft oder Beschäftigung irgend einer anderen Person oder deren Recht ist, über ihr Kapital und Arbeit nach ihrem Willen zu verfügen.

Man könnte nun einwenden: Wenn diese neue Bestimmung mit dem in Satz 3 niedergelegten früheren Rechtszustande identisch ist, weshalb war sie dann überhaupt notwendig, weshalb wurde sie von den Gewerkvereinen so energisch gefordert, so erbittert verfochten; und weiter, wie läßt sich das vereinbaren mit der Schärfe der Gegensätze, die in beiden Häusern des Parlaments während der Verhandlungen über diese Frage aufeinander stießen und einen Sturm der Leidenschaftlichkeit auf allen Seiten entfesselten? —

Zweierlei Gründe geben Antwort darauf. Erstlich die allgemeine Fassung von Section 2 der Trade Union Act des Jahres 1871: „Die Zwecke eines Gewerkvereins sollen nicht als ungesetzlich gelten, ‚nur‘, weil sie gegen die Gewerbefreiheit verstoßen“. Welche Handlungen liefen gegen „restraint of trade“, welche Fallgruben verbarg das Wörtchen „nur?“ — Und zweitens mit bezug auf Satz 3 — „keine gesetzlichen Rechte anderer dürfen verletzt werden“, — was waren gesetzliche Rechte? — Also zu große Unbestimmtheit des Gesetzes, zu großer Spielraum der richterlichen Interpretationsgewalt, die sollten durch eine präzise, spezielle, dem Charakter ihres Wirkungsfeldes mehr angepaßte Klausel ersetzt werden, um

[1] Vgl. auch Royal Commission 1906 p. 124.
[2] Dagegen Recommendation III. R. C. 1906 p. 122.

zu verhindern, daß in Zukunft einfache Konkurrenzverhältnisse in den Umkreis besonderer gesetzlicher Rechte fielen und zum Gegenstand von Klagen — damals noch Schadenersatzklagen — gegen Gewerkvereine gemacht wurden. Analogien des Mogul-Falls sind nunmehr ausdrücklich sanktioniert, er selbst aufrecht erhalten worden, die in ihm zur Anwendung gebrachte Methode des Konkurrenzkampfes interveniert nicht mehr mit gesetzlichen Rechten, — deutlich genug spricht das Gesetz es aus. Ein Privileg oder Ausnahmestellung ist dadurch nicht geschaffen worden. Ungesetzliche Handlungen als Mittel zum Zweck bleiben nach wie vor der Jurisdiktion des Criminal Law unterworfen, nicht zu vergessen Section 7 der Konspirationsakte von 1875; nur die Gefahr der gesetzwidrigen interference in trade an sich ist beseitigt. Und sie vor fast 40 Jahren heraufbeschworen zu haben, soll das Werk einer liberalen Regierung, das Werk und die Absicht eines Gladstone gewesen sein? — Aber damit nicht genug, auch Quinn v. Leathem hat den Todesstreich empfangen. Die Strafbarkeit einer Veranlassung zu Kontraktbruch wurde seiner Zeit durchaus nicht von dem überwiegenden Teil der Bevölkerung, von der allgemeinen Rechtsüberzeugung gebilligt, wie die heftige Opposition gegen das Urteil und seine vorgebrachten Argumente beweist. Die Anerkennung der Sympathiestreiks, dazu das Vermeiden einer „trade-dispute Definition" entriß der alten Theorie jeden Halt. Nicht ist damit Legalisierung jedes Kontraktbruches ausgesprochen, unberührt bleibt die Heiligkeit des Vertrages bestehen [1]. Der Unterschied gegen früher ist nur der, daß die Kriminalität allein auf der vertragbrechenden Partei lastet (in Quinn v. Leathem also auf dem Abnehmer in Belfast, Munce) und nicht auf den Bruch verschuldende Dritte — den Gewerkverein — zurückfällt. Denn er ist nicht Partei, nicht Kontrahent. Der Vertragsbruch des Munce erfolgte in Vertretung seiner eigenen Interessen, in Bewahrung vor den Folgen und Schädigungen des angedrohten Streikes oder im vulgären Jargon: „es war seine Sache", es stand ihm frei, der Union zu trotzen. Der von der Royal Commission on Labour 1894 [2] aufgestellte Grundsatz: „Wenn ein Streik beginnt mit Niederlegung der Arbeit und Bruch eines bestehenden Kontraktes, so hat der Unternehmer vermutlich (!?) ein Klagerecht gegen die Anstifter des Streiks, weil sie den Kontraktbruch veranlaßt haben. Ein Arbeiter würde dasselbe Recht haben gegen irgend jemand, der seinen Arbeitgeber veranlaßt, ihn unter Kontraktbruch zu entlassen, individuell oder im Wege einer allgemeinen Aussperrung . . ." kann nicht mehr Anspruch auf Gültigkeit er-

---

[1] Assinder p. 24—29.
[2] Vgl. ibid. p. 159.

heben, verneint dagegen, zeichnet er heutiges Recht. Veranlassung heißt demnach Streikandrohung, friedliche Überredung, Information mit allen durch die Gewerkvereinsgesetze erlaubten Aktionen; sie heißt nicht Zwang, Einschüchterung (durch andere Mittel als Streikandrohung), Bewachen und Besetzen (ohne peaceable persuasion oder information), nicht Zerstörung der Werkzeuge, Kleider, nicht Gewalttat der durch dieselben Akte verbotenen Aktionen. (Vgl. Section 7 Conspiracy Act 1875). Sind sie aber begangen, so trägt Verantwortung und Strafe allein der Unrechttuer, nicht der Gewerkverein mit seinen Fonds.

Zum Schluß noch einige zusammenfassende Worte über die beiden anderen wichtigen Fälle der von den Gegnern des Majority Report der Royal Commission von 1906 angefeindeten drei Rechtskomplikationen, nämlich der Antagonismus der Gewerkvereine gegen den non-union-man und das Maß ihrer Berechtigung[1].

Unbestritten wird die Position der Unionisten durch den nichtorganisierten Arbeiter gefährdet. Jene kämpfen für bessere Arbeitsbedingungen, ermöglicht durch ein wohlgeordnetes Zahlungs- und Unterstützungssystem ihrer Vereine, unterwerfen sich einer Beschränkung ihrer Willensfreiheit usw. usw., diese genießen alle unter großen Verlusten und Entbehrungen mühsam errungenen Vorteile mit ohne jegliche Gegenleistung. Man hat oft mit dem Brustton der Überzeugung und Gerechtigkeit die Theorie von der Freiheit des Individuums im Denken und Handeln zugunsten des Nichtorganisierten verkündet. Er soll ebenso frei sein wie der andere, frei über seine Arbeit verfügen dürfen und können wie der Gewerkler. Aber kennt das Zeitalter der Konkurrenz denn überhaupt die freie Arbeit in dem hier behandelten Sinne? Kann der alleinstehende Arbeiter wirklich mit seinem Arbeitgeber einen freien Vertrag schließen? Wohl kaum, Angebot und Nachfrage sind ausschlaggebend. Auf der einen Seite ein Heer von Arbeitslosen, von Menschen mit geringeren, niedrigeren Ansprüchen und Bedürfnissen, jederzeit bereit, die fehlenden Hände zu ersetzen, den Lohn und die ganze sogenannte Freiheit des Arbeitsvertrages herabzudrücken und aufzuheben. Ihnen gegenüber, auf Seiten der Arbeitgeber, ein Heer von Schleuderkonkurrenten mit niedrigen Produktionskosten infolge tief-

[1] In manchen Gewerben, vor allem in der Baumwollindustrie Lancashires, haben die unierten Arbeiter mit dem Unternehmer Verträge geschlossen, wodurch sich dieser verpflichtet, Nichtorganisierte überhaupt nicht zu beschäftigen. Das System bewährt sich dort vorzüglich, lokale Monopolisierung der Industrie, ihr stets enger Zusammenhang mit dem Unionismus im Laufe der Geschichte geben den Grund hierfür ab. Vgl. auch Drage, Trade Unions p. 65—72.

stehender Löhne, mit billigem Absatz auf dem Markte und daher mit dem Zwange auch für den arbeiterfreundlichsten Unternehmer, im Interesse der eigenen Existenz auf die Freiheit des Arbeitsvertrages zu verzichten. Mag alles sein — erwidert man uns, der Gewerkler hat Recht, wenn er sich weigert, mit einer mißliebigen Person zusammen zu arbeiten, aber Unrecht, wenn er sagt: Du darfst da nicht arbeiten. Doch warum? Die Gewerkvereine umfassen nur 10 % der gesamten Arbeiterschaft Englands, ruft man ja so oft herausfordernd aus, führt man so oft als Waffe gegen ihre Anmaßungen ins Feld, — nun, sollten die übrigen 90 % nicht mächtig genug sein, den unbedeutenden Gegner aus seiner Position zu verdrängen, versteckt sich hinter dem bloßen Zetermordio-Schreien nicht eine gewaltige Portion Feigheit, nicht der beste Beweis für die Macht des Unionismus? Oder ist der non-union-man sentimental geworden, opfert er sich, seinem starken Gerechtigkeitsgefühl nachgebend, dem Frieden der Gesamtheit und arbeitet ruhig neben dem Feinde mit dem stolzen Bewußtsein: „Wir Wilden sind doch bessere Menschen?" Lächerlich! Gibt es nicht Hunderte und aber Hunderte von Unternehmern und kleineren Meistern aller Industriezweige, die nur Nichtunierte beschäftigen? Ist er nicht in gewissem Sinne der Augapfel des Arbeitgebers, der rettende Strohhalm, an den er sich im Streik klammert, sein Kampfgenosse gegen den Gewerkverein, aller Ausnahmen unbeschadet. Die Vorteile und der Schutz, die man dem einen von ihnen im Gegensatz zu den Unionen gewährt — und damit gehen wir einen Schritt weiter, — kommen auch dem anderen zugute. Lange genug hat man sich an die Weisheit jenes südafrikanischen Negerhäuptlings gehalten, der, befragt, was Recht und Unrecht sei, antwortete: „Recht ist, wenn ich meines Feindes Vieh wegnehme, Unrecht ist, wenn er das meine wegnimmt!" — War das alte „document"[1], sind die bekannten und gefürchteten black lists[2] der Unternehmer wohl etwas anderes, als die Weigerung der Unierten, mit bestimmten Personen zu arbeiten? Haben wir nicht gehört, daß auch der Arbeitgeber im Streik Arbeiter überredet, um die Lücken der Ausständigen zu ersetzen, daß auch er Männer auf alle mögliche Weise hindert, in den Dienst einer mißliebigen Firma zu treten und versucht, den Konkurrenten zu vernichten, durch Kartell und Ring den abseits

[1] Spielte eine Rolle in der älteren Gewerkvereinsgeschichte und bestand in einer schriftlichen Erklärung des Arbeiters, keiner Trade Union anzugehören oder in Zukunft angehören, noch irgendwie zur Förderung ihrer Zwecke beitragen zu wollen. Die großen Mißbräuche erhellt das Webbsche Geschichtswerk.

[2] Vgl. den Streitfall: Bulcock v. St. Anne's Master Builders' Federation. R. C. 1906 p. 113. Ruegg and Cohen p. 58/59 Chap. V Black Lists.

und alleinstehenden Unternehmer zu unterdrücken, durch eigene Gewerkvereine denen der Arbeiter ein Gegengewicht zu bieten? Man darf bei Beurteilung dieser Bestrebungen der organisierten Arbeiterschaft doch nicht lediglich ihre Schattenseiten ins Auge fassen, auch die gehaßten Schwarzen Listen finden ihren Verteidiger da, wo sie dem Unternehmer dienen, sich vor Unfähigen, Trunkenbolden, rohen, faulen und kranken Arbeitern zu schützen; gibt man das nicht zu, muß man logischerweise auch ihr Gegenstück, die sogenannten „white lists“[1] verdonnern. Die Abwesenheit des Namens einer Firma auf der Weißen Liste ist dieselbe Beleidigung, kann dieselben Schädigungen verursachen, wie die analogen Fälle der Schwarzen Liste, und trotzdem hat die Judikatur über die ersteren nie die Strafen des black-listing, der conspiracy und des Boykotts verhängt. —

Mit diesen Zuständen ist glücklicherweise aufgeräumt worden. Der Unierte darf sich heute weigern, mit Nichtorganisierten zu arbeiten, darf, um dieses Ziel zu erreichen, alle Streikaktionen[2] in dem gesetzlich erlaubten Umfange zur Geltung bringen[3]. Ein anerkennenswerter Fortschritt auf dem Gebiete der Gleichberechtigung zwischen Arbeitgeber und -nehmer.

[1] Das sind Listen mit den Namen derjenigen Arbeitgeber, die ihren Arbeitern gute Behandlung angedeihen lassen, anständige Löhne zahlen und den Forderungen derselben nach Möglichkeit entgegenkommen.

[2] inkl. Schwarze Listen usw.

[3] Daß manche Forderungen der Unierten über das Ziel hinausschießen, ist natürlich nicht immer zu vermeiden und war vor 1906 nur zu verständlich. 1905 hatte z. B. das Unterhaus als Zusatz zum Fremdengesetz auf Antrag der Arbeiterpartei ohne Debatte ein Gesetz des Inhalts angenommen: „Während eines Streiks dürfen die Unternehmer keine ausländischen Arbeiter einführen, um die Stellen der Streikenden mit diesen zu besetzen.“ Die konservative Mehrheit des Oberhauses verwarf die Bill.

Bericht der Streiks in den South Wales und Monmouthshire Kohlenfeldern von 1894—1902 inkl. [1]

Grund: Um Nichtunierte zum Eintritt in die Miner's Union zu zwingen.

Ort	Zahl der davon betroffenen Arbeiter	Dauer in Tagen	Resultat
Maesteg	397	7	Eintritt d. Nichtunierten i. d. U.
New Tredegar	2 000	3	Die Nichtunierten verlassen den Distrikt.
Port Talbot	254	5	Eintritt d. Nichtunierten i. d. U. (ein einziger nicht)
Aberdare	1 400	—	Eintritt d. Nichtunierten i. d. U.
Aberaman	900	1	Wiederaufnahme der Arbeit
Tredegar	600	—	Eintritt d. Nichtunierten i. d. U.
Porth	105	2	Wiederaufnahme der Arbeit
Nantymoel	800	6	Eintritt d. Nichtunierten i. d. U.
Neath	534	5	do.
Penrhiwceiber	1 320	6	do.
Ammanford	295	5	do.
Abertillery	1 800	1	do.
Treorchy	900	1	do.
Rhondda Valley	6 000	4	do.
"	2 000	5	do.
Porth	1 493	1	do.
Treharris	1 720	4	do.
Merthyr	2 500	10	do.
Blaengarw	1 045	9	do.
Pontypridd	850	1	do.
"	1 125	5	do.
Dowlais	3 426	6	do.
Pontypridd	1 425	1	do.
"	1 450	10	do.
Aberdare	1 186	11	do.
Llantrisant	856	2	do.
Merthyr	5 200	8	do.
Pontypridd	1 700	11	do.
Treorchy	1 619	9	do.
Yytrad	1 040	1	do.
Abercarn	1 600	4	do.

[1] Auszug und Verrechnung aus Minutes of Evidence. R. C. on Trade Disputes and -Combinations 1906.

Sechstes Kapitel.

Combination und conspiration.

Literatur.

Allgemeine.

1. Sir J. F. Stephen, History of the Criminal Law of England. London 1883. Vol. I—III.
2. The Conspiracy and Protection of Property Act, 1875. 38—9 V. 86.
3. R. S. Wright, Law of Criminal Conspiracies and Agreements. London 1873.
4. M. Low, The British Conspiracy and Protection of Property Act and its operation. (Bulletin of the Department of Labor.) Washington 1901.
5. Pennant, Trade Unions and the Law. Chap. V. 1905.
6. Report of the Royal Commission on Trade Disputes and Trade Combinations. London 1906. (Cd. 2825.)
7. Minutes of Evidence taken before the Royal Commission a. s. o. 1906. (Cd. 2826.)
8. A. Lyttelton, The Law of Trade Combinations. (Essay in: „A Policy of Free Exchange".) London 1894.
9. Cohen and Howell, Trade Union Law and Cases. London 1901.
10. Fifth and Final Report of the Royal Commission on Labour. London 1894.
11. Second and Final Report of the Commissioners appointed to inquire into the Working of the "Master and Servant Act 1867" and "the Criminal Law Amendment Act." 34 and 35 Vict. Chap. 32. London 1875.
12. George Howell, Labour Leaders. Labour Legislation etc. London 1905. Vol. I—II.
13. Sparkes, Legal Notes on Trade Unions and The Trade Disputes Bill. London 1907.
14. Ruegg and Cohen, The Present and Future of Trade Unions London 1906.
15. Richard Bell, Trade Unionism. London-Edinburgh 1907.

Zeitschriften und Zeitungen.

I. The Law Quarterly Review. London.

1. E. Digby, The Law of Criminal Conspiracy in England and Ireland. April 1890.
2. J. G. Butcher, The Law of Criminal etc. July 1890.
3. E. Digby, The Law of Criminal etc. Oktober 1890 (A Reply).

II. The Saturday Review. London.

1. July 10, 1869. Trade-Unions.
2. January 18, 1873. Unionists in Congress.
3. April 26, 1873. Criminal Conspiracies.
4. June 14, 1873. Mr. Harcourt's Motion.
5. June 28, 1873. Mr. Harcourt's Conspiracy Bill.
6. March 6, 1875. Report of the Labour Laws Commission.
7. July 20, 1889. The Mogul Company.
8. July 18, 1891. The Labour Commission.
9. July 25, 1891. The Labour Commission Again.
10. January 31, 1903. The Outlawry of Trade Unionism.
11. February 10, 1906. The Trade Union Settlement.

Das sogenannte Law of Criminal Conspiracies ist der komplizierteste, d. h. am meisten hypothetische Teil des englischen Rechtes. Die bedeutendsten Law Lords, hervorragende Theoretiker[1], wie Wright, Stephen usw. vermeiden es offensichtlich, allgemeingültige Rechtssätze und Definitionen auf diesem Gebiet aufzustellen, sondern geben in ihren Werken lediglich eine Geschichte der jeweiligen allgemeinen Anschauungen und individuellen Auffassung bemerkenswerter Kritiker. Jedes Jahr, jedes Urteil brachte neue Elemente und Momente zur Geltung und rückte sie für kurze Zeit in den Vordergrund der Debatte. Daran änderte sich bis zur Inaugurierung der Conspiracy Act von 1875, deren Erfolg nach dieser Seite auch mit einer so einigermaßen gelungenen Konsolidierung der Rechtsanschauungen erschöpft war, fast gar nichts.

Wir werden es daher vermeiden, auf Grund einzelner Entscheidungen eine Darstellung dieses Konspirationsrechtes oder besser -unrechtes zu geben, jeder Laie könnte mit ein, zwei, drei Seiten eines diesbezüglichen theoretischen Werkes andere Argumente vorbringen und mühsam gewonnene Resultate widerlegen; wir fragen ferner nicht, waren die Verbände der Arbeiter tatsächlich verboten und wenn, wann nicht, oder, war der Streik gesetzlich oder ungesetzlich, wenn verbunden mit dieser oder jener Handlung, was war der Unterschied zwischen „molestation", „obstruction" und „coercion", zwischen „unlawful" und „illegal"[2] usw., sondern wir wollen versuchen, eine Antwort zu geben auf die Frage nach dem „woher" und „wozu" dieser Fülle von Thesen, Antithesen und Hypothesen. —

Der Ausdruck „Verschwörung" (conspiracy) tritt[3] uns zum

[1] Vgl. dazu vorn die Literaturangaben.

[2] Vgl. Kgl. Kommissionsbericht von 1869; desgl. Jevons' Legal Handy Book p. 70.

[3] Vgl. Report of the Royal Commtssion 1906. Bericht vom 15. Januar 1906 C. Ferner daselbst: Memorandum on the civil action

ersten Male entgegen in der Ordinance of Conspirators Eduards I. von 1305 und erlangte nach der Entscheidung im Poulterer's Case von 1611 [1] bis zum Ende des letzten Jahrhunderts eine so weit gefaßte Auslegung, daß nicht allein jede Vereinbarung oder Kombination, ein Verbrechen zu begehen, sondern auch zivile Rechtshandlungen auf eine strafbare Konspiration hinausliefen und die Kombination selbst den Namen Konspiration annahm. — Welcher Zustand schließlich am Ende des 18. Jahrhunderts geherrscht hat, läßt sich schwer feststellen, will man nicht Arbeiterverbände für Lohnerhöhungen als erlaubt, die Tatsache der Kombination jedoch nach dem Common Law wegen Beschränkung der Gewerbefreiheit als strafbar hinstellen. Die Meinungen darüber gehen sehr wesentlich auseinander. Nach Lord Campbell und Stephen zu schließen, kennt das Common Law den Begriff der strafbaren Kombination überhaupt nicht [2]. Die große Reihe von Akten, welche derartige Organisationen der Arbeiter verboten, unterstützt in der Tat ihre Annahme. Denn wenn das Common Law diesbezügliche Bestimmungen schon enthielt, so erübrigten sich Sondergesetze. Ein wirkliches Verbot gegen Kombinationen jeder Art brachte ohne Zweifel unter dem Einfluß der französischen Revolution das Jahr 1799/1800 [3]. Plötzlich und scheinbar ohne parlamentarische Verhandlungen war das Gesetz in Kraft getreten, heimlich wurde es zwanzig Jahre später wieder zurückgezogen, um einem anderen Platz zu machen, das ebenfalls ohne Debatten das Parlament passierte und Kombinationen ohne bestimmte Qualifikationen legalisierte. Mit welcher Geschicklichkeit man die Akte durch das Parlament geschmuggelt hatte, beweist am besten die Tatsache, daß noch zwei Wochen nach ihrem Inkrafttreten einige Fabrikarbeiter in Lancashire wegen Kombination verurteilt wurden, da den Richtern das neue Gesetz noch nicht bekannt war, und ein Jahr darauf sogar zwei Mitglieder des Parlamentes, die Lords Liverpool und Eldon, bekennen mußten, keine Ahnung von einem Gesetz gehabt zu haben, dem sie sich mit aller Kraft sicherlich widersetzt hätten. Außerdem hatte man vergessen, die Akte von 1799/1800 zu

---

of conspiracy by Mr. Arthur Cohen, concurred in by Lord Dunedin, Sir Godfrey Lushington and Sydney Webb, daran anschließend: Memorandum on "Allen v. Flood" 1898. Teil II. Cases Referred. Report By Sir Godfrey Lushington: "The Taff Vale Case". Abhdlg. Conspiracy.

[1] Stephen, History of the Criminal Law a. s. o. Vol. III, chap. XXX offences relating to Trade and Labour and Vol. II, chap. XXII . . . . . conspiracies to commit crimes. Vol. III, p. 202—207. Wright § 3 sowie daselbst: Criminal Conspiracies and Agreements 1800—1872 p. 12—18. Royal Commission 1906 p. 81—83. G. Howell, Labour Legislation. Vol. I, p. 48—50; 58—60.

[2] Stephen, Vol. III, p. 208—227. Assinder p. 8—12.

[3] Vgl. Pennant, Assinder: Introduction.

widerrufen, so daß zwei Gesetze mit entgegengesetzten Bestimmungen gleichzeitig in Kraft waren. — Erst das Jahr 1824 „versuchte“ durchgreifende Änderungen. (Im folgenden Jahre 1825 größtenteils wieder beseitigt.)

Das System der Combination Laws, umfassend ein halbes Jahrtausend, wurde mit dem Entstehen der Fabrikstädte, dem Zusammenarbeiten von Hunderten und Tausenden, mit dem mächtig sich entwickelnden Machtbewußtsein der handarbeitenden Klassen zertrümmert. Ihnen gegenüber wappnete sich der Kapitalismus mit der gefährlichen juristischen Waffe, dem Konspirationsbegriff. Hatte man bis dahin alle Verbände der Arbeiter, abgesehen solche für kirchliche Zwecke (Quäker), im großen und ganzen verdammt, jede Versammlung und Ansammlung derselben, jedes Reden über Recht, Staat und Gesetz mit den härtesten Strafen belegt, jede Forderung nach besseren Arbeitsbedingungen als kriminelle Konspiration behandelt, dem Unternehmer unter Strafe verboten, höhere Löhne zu zahlen, dem Arbeiter, sie anzunehmen, ihn ferner gezwungen, unter einem Eide gegen sich selbst auszusagen, hatte noch vier Jahre zuvor Englands berühmtester Rechtslehrer, Lord Mansfield[1], erklärt: „Every man may work at what price he pleases, but a combination not to work at certain prices is an indictable offence“, d. h. „Jedermann kann für einen beliebigen Preis arbeiten, aber eine Kombination, zu bestimmten Preisen nicht zu arbeiten, ist eine klagbare Gesetzesübertretung“ — so mußte jetzt, wo liberale Gefühle die Legislatur inspirierten, ein „Begriff“ aus der Sammelrubrik der judge-made-laws allein ausreichen, um bei der leisesten Gefahr den alten Kombinationsgesetzen wieder unmittelbare Wirkung zu verleihen. — Der Erfolg war: tot judices tot sensus: — Definitionen, so gewagt, daß sogar zwei Brüder, die ihrer Schwester durch Drohungen, Vorhaltungen usw. von einer Heirat abrieten, sich einer sträflichen Konspiration schuldig machten[2]. Nichtsdestoweniger wäre es ungerecht und unhistorisch, einer Regierung deshalb den Vorwurf zu machen, jahrhundertelang mit grausamer Strenge alle Interessenorganisationen der Arbeiter niedergehalten zu haben. Die Kombinationen gewisser Art und für bestimmte Zwecke waren keineswegs um ihrer selbst willen verboten, sondern weil der Gesetzgeber bereits Einrichtungen zur Regelung der Beziehungen zwischen Arbeit und Kapital getroffen hatte, durch die er den Grundstein zum weiteren Auf- und Ausbau gelegt zu haben glaubte. Was zu verwundern, wenn er jeden Versuch, diese seine Arbeit zu durchkreuzen, seine Institutionen einfach zu ignorieren, als Auflehnung gegen das Gesetz und weiterhin die Gewerkvereine überhaupt als

---

[1] Parliamentary Debates 1905.

[2] Wright, The Law of Criminal Conspiracies a. s. o.

zwecklos betrachtete. Das Common Law macht zudem keinen Unterschied zwischen Meister und Arbeiter, beide stehen sich gleichberechtigt gegenüber, der Streit zwischen Brentano und den Webbs über die Herleitung der Trade Unions von den Zünften ist daher müßig. Solange Handel und Gewerbe von Gesetzes wegen reguliert wurden, solange diese Assoziationen die Maschinerie bildeten, mittels der die Regierung die Funktionen eines Gewerbeinspektors ausübte, solange existierte keine Frage über ihre Ungesetzlichkeit. Diese erhob sich erst, als die Verbände der Meister wie der Arbeiter darauf ausgingen, in die staatliche Regulierung hindernd und störend einzugreifen. Die Strenge des Gesetzes traf nominell beide gleichmäßig; in Wirklichkeit zwar nur die letzteren, da erstere zur Bedeutungslosigkeit herabgesunken waren und erst mit dem Aufkommen des individuellen, machtvollen, kapitalkräftigen Unternehmertums den Keim zu den neuen Zünften im modernen Gewande des ausgehenden 19. Jahrhunderts legten. Mit dem Augenblick, wo sich die Verbände der beiden Gesellschaftsklassen wieder in gleicher Macht und Kraft gegenüberstehen, wird zu Beginn des 20. Jahrhunderts in der Trade Disputes Bill von 1906 ihre Gleichberechtigung, d. h. hier, Unterwerfung unter dasselbe Gesetz, wieder ausgesprochen. Eine andere Frage ist es doch jedenfalls, wenn der Gesetzgeber damals in seinen Maßnahmen nicht sogleich das Richtige traf, wenn seine Organe, die Friedensrichter, sich einer parteilichen Jurisdiktion schuldig machten. Und nicht weniger wirkten die ökonomischen Theorien jener Zeit, welche jeden Versuch, die Lohnrate zu verändern, für ein Ding der Unmöglichkeit erklärten. Der Preis der Arbeit sollte allein von Angebot und Nachfrage, die keiner künstlichen Einwirkung zugänglich wären, abhängen. Nicht zu vergessen auch die mancherlei ungesetzlichen und rohen Mittel, wie Totschlag, Mord, Diebstahl, Brandstiftung und Maschinenzerstörungen, deren sich die Arbeiter zur Erreichung ihrer Ziele bedienten, die mystische Art und Weise, in der sie ihren Führern Gehorsam schwuren und sich zur Exekution ihrer Befehle unter feierlichem Eide verpflichteten[1]. Viel änderte sich im Laufe der Jahre bis 1871 daran nicht, und so wurde jede Vereinigung von Arbeitern, sobald sie auf irgendeine Weise den gewerblichen Frieden, d. h. den Geschäftsgang eines Unternehmers zu stören drohte, ja überhaupt erst von sich reden machte, als „conspiracy in restraint of trade“, als Verschwörergesellschaft, abgeurteilt. Das Gewerkvereinsgesetz von 1871 beseitigte nun zwar diese Auffassung, schlug aber die Strafbarkeit einer Beschränkung der Gewerbefreiheit nicht völlig nieder. Denn Section 3 bestimmt, daß die Zwecke einer Trade Union

[1] Vgl. der Webb's bekanntes Werk.

nicht ungesetzlich sein sollen — „bloß", weil sie etwa dagegen verstoßen. Restraint of trade blieb also erschwerendes Moment. Anfänglich hatte das Gesetz auch eine Klausel aufzuweisen, welche auf Arbeitsstreitigkeiten Bezug nahm. Dieselbe wurde indessen wieder separiert und von der Criminal Law Amendment Act übernommen. Damit wurde ein unerträglicher Zustand geschaffen, indem das Objekt eines Streiks gesetzlich, die Mittel, deren sich die Arbeiter dazu bedienten, hingegen als ungesetzlich galten. Auf diese Weise erfuhr die Ära des Strafrechtes mit Bezug auf die Organisationen der Arbeiter in der Praxis eine immer größere Ausweitung. Den besten Ausdruck findet das Wesen einer kriminellen Konspiration nach dem Common Law in den Worten Willes vom Jahre 1868[1]: „Eine Konspiration besteht nicht in der bloßen Absicht von zwei oder mehr Personen, eine ungesetzliche Handlung oder eine gesetzliche mit ungesetzlichen Mitteln zu begehen. Solange solche Absicht Absicht bleibt, ist sie nicht strafbar, wenn aber dieselben Personen vereinbaren, sie in Effekt umzusetzen, so ist der Anschlag eine Handlung in sich selbst und diese ist gesetzlich erzwingbar, wenn sie gesetzlich ist, strafbar dagegen, wenn sie zu einem strafbaren Zweck oder mit strafbaren Mitteln begangen worden ist." Mit anderen Worten: eine kriminelle Konspiration war erstens: jede Kombination oder Vereinbarung mehrerer Personen, eine ungesetzliche Handlung oder eine gesetzliche mit ungesetzlichen Mitteln zu begehen, und zweitens: jede Vereinbarung mehrerer Personen über die Arbeitsbedingungen an sich schon, gleichgültig ob die vereinbarte Handlung (scil. wie oben) tatsächlich ausgeführt war, wurde oder nicht.

Solchen Grundsätzen folgte die Judikatur einer sogenannten liberalen Gesetzgebung. Es erübrigt sich, den Definitionen, zumal der letzteren, noch irgendein Wort zum Kommentar beizugeben, über ihre Wirkung auf die Gewerkvereine dürfte wohl niemand im Zweifel sein. Was waren gesetzliche oder ungesetzliche[2] Handlungen? Ungesetzliche Mittel waren alle Streikaktionen unter der Criminal Law Amendment Act 1871; die Aufhebung der Strafbarkeit von restraint of trade stand zwar auf dem Papier, um aber trotzdem noch dreißig Jahre lang gemißbraucht zu werden, kurz, das Gesetz bot der kämpfenden Union nicht den geringsten Schutz, im Gegenteil. —

Ein halbes Jahrzehnt fast nach 1871 hielt dieser Zustand an, nachdem der Bericht der Königlichen Kommission von

[1] In fast allen Konspirationsklagen zitiert.
[2] Stephen, Vol. II, p. 327—29.

1874 mit Cockburn, Sir Montague Smith und Mr. Russell als den hervorragendsten Vertretern zu demselben Resultat, derselben Begriffsbestimmung krimineller Konspirationen gekommen war.

Soweit herrschte also Einstimmigkeit. Schwierigkeiten und Kontroversen entstanden erst bei Untersuchung der erforderlichen oder erlaubten Schwere der betreffenden Handlung. Denn man konnte doch auch nicht jede Vereinbarung zum Gegenstand einer Konspirationsklage machen. Das von Digby[1] angezogene Beispiel zweier Knaben, die beschließen, in einer Parkserpentine[2] zu fischen, schießt allerdings weit über das Ziel hinaus, weder die Vereinbarung, noch der ausgeführte Akt ist „done in contemplation or furtherance of a trade dispute". Stichhaltiger erschien der Einwand, daß Aktionen einer Kombination oft eine kriminelle Konspiration begründeten, die, wenn getan von einem einzigen Individuum, nicht als strafbare zu behandeln waren. Mit dem Augenblick, wo man ihn anerkannte und im Wege der Gesetzgebung auf die Handlungen einer Kombination ausdehnte, war die Kriminalität der Konspiration an sich, d. h. der Tatsache der bloßen Kombination oder Vereinbarung, aufgehoben. Diesen Erfolg erreichte eine streng konservative Regierung mit der Conspiracy and Protection of Property Act von 1875 durch die Bestimmung in section 3: „Eine Vereinbarung oder Kombination von zwei oder mehr Personen, eine Handlung in Erwartung oder zur Förderung eines Gewerbestreites zwischen Arbeitgeber und -nehmer zu begehen oder zu veranlassen, soll nicht als Konspiration klagbar sein, wenn solche Handlung, begangen von einer Person, nicht als Vergehen strafbar ist"[3]. Damit wurde die Hintertreppe zerstört, über die die Unternehmer ihre Klagen gegen die Trade Unions anbrachten, wenn der gerade Weg, die Konstatierung rechtswidriger und ausdrücklichst verbotener Handlungen zuviel Kontrolle, Berücksichtigung der öffentlichen Meinung, Gerechtigkeitsgefühl usw. usw. erheischte oder mangels irgendwelcher überführenden Beweise überhaupt nicht beschreitbar war. —

Doch zu einer anderen Frage: Unausgeführte Beschlüsse und Vereinbarungen einer Union oder einzelner ihrer Mitglieder gaben also keine Berechtigung mehr zu einer Konspirationsklage; wurden sie in Effekt umgesetzt, so handelte es sich überwiegend um die durch Section 7 verbotenen Streikaktionen, welche an sich schon ein Klagerecht begründeten;

---

[1] Vgl. dazu vorn die Abhandlungen in der Law Quarterly Review.

[2] Serpentine, eigentlich schlangenartig. Name eines länglich gewundenen, tiefen Teiches im Hydepark zu London.

[3] Pennant p. 85—105.

wozu brauchte man daher noch ein besonderes Konspirationsklagerecht? Sicherlich gab es eine unendlich große Zahl strafbarer Handlungen, welche in Section 7 keine Erwähnung fanden, aber immerhin doch nicht so viele mit der Beschränkung: „done in contemplation or furtherance of a trade dispute between employers and workmen". Zu diesen nicht ausdrücklich von dem Konspirationsgesetz namhaft gemachten, ihm aber trotzdem mehr oder weniger, dann und wann unterstellten, bald straflos, bald strafbar geltenden Handlungen gehörten — das die eine Antwort auf unsere Fragestellung — die judge-made-laws über Streikandrohung, Veranlassung zum Kontraktbruch, Gefährdung der Geschäftsinteressen, Zwang gegenüber dem Nichtorganisierten usw. usw. Vergegenwärtigen wir uns, ein in jeder Beziehung friedliches, ohne Einschüchterung oder Zwang verlaufendes Picketing zwecks Information, womöglich ohne Überredung (auch nicht ein durch die Masse dahin wirkendes), veranlaßt eine Person, um Unannehmlichkeiten aus dem Wege zu gehen, einen Kontrakt zu brechen oder nicht einzugehen. Den Schaden trug ja, wie wir aus dem Früheren wissen, nicht der eigentliche Unrechttuer, sondern der Gewerkverein; was übrigens nicht wenig zur Vermehrung der leichtfertigen Vertragsbrüche beitrug, die jeder, wenn irgend möglich, den Maßnahmen einer Union zur Last legte. Wen sollte nun der dadurch geschädigte Arbeitgeber verklagen und worauf? Die Union hatte sich keines Vertragsbruches schuldig gemacht, an den einfachen Arbeiter Regreßansprüche zu stellen, lohnte nicht; im anderen Falle gegen den kontrahierenden Unternehmer vorzugehen, schädigte eventuell dauernd kommerzielle Beziehungen und Geschäftsinteressen und ließ sich bei vorliegendem Sympathiestreik auch gar nicht rechtfertigen. Die Arbeiter der kontraktbrüchigen Partei wurden ausständig aus Solidarität zu irgendwelchen anderen streikenden Gewerbsgruppen. Sie standen weder mit ihrem eigenen Arbeitgeber auf dem Kriegsfuß, noch waren sie auf Grund irgendwelchen Zwanges von außen, sondern lediglich aus dem Gefühl eines gemeinsamen Interesses aller Arbeiter heraus, ihren Kameraden zur Hilfe und Unterstützung geeilt — mit dem Resultat, daß der von dem Sympathiestreik betroffene Unternehmer seine kontraktlichen Verpflichtungen ohne das geringste Verschulden seinerseits nicht erfüllen kann. — Wollte der Gesetzgeber derartige Komplikationen nicht dulden, so mußte irgendwie ein Remedium geschaffen werden, und das war in der Konspirationsklage zur Hand. So wurde sie nunmehr gleichsam als Routine auch jeder auf Section 7 gestützten Klage angehängt und es dem Richter überlassen, sie aufrecht zu erhalten oder abzuweisen; es war ein Lotteriespiel, das aber, wie sich bald herausstellte, gute Chancen bot. Anfangs geriet man allerdings vom Regen in die Traufe. Denn es fragte sich nun weiter, mit welchen Strafen die benannten judge-laws des Kontraktbruches, der Geschäftsstörung usw. zu belegen waren. Lange zerbrach man sich den Kopf darüber allerdings nicht, das Gute lag so nahe. Gewandte Theoretiker[1] entdeckten auf einmal zwei nebeneinanderlaufende Prozeßverfahren, von denen bisher noch niemand etwas gehört hatte, nämlich die Unterscheidung von Konspirationsklagen „to commit a crime“ (ein Verbrechen zu begehen) und Konspirationsklagen „to injure“. Die „crimes“ sollten alle Aktionen der Section 7, die „injuries“ (schädigende Handlungen) die bekannten judge-laws umfassen. Erstere wurden laut Gesetz mit bis zu drei Monaten Gefängnis bestraft, letztere mit der Haftbarkeit der Fonds, — wozu sonst hatte das Gesetz von 1871 wohl die Gewerkvereinsgelder nach Meinung ihrer Gegner vor Diebstahl und Betrug der eigenen Beamten geschützt, als um sie für den Unternehmer zu reservieren? Reine Konspirationsklagen wegen „crime“ sind daher nach 1875 aus leicht ersichtlichen Gründen schwer zu finden. Auf die Gefängnisstrafe verzichteten die Unternehmer gern, jeder Klage wurde der Stempel einer „action of conspiracy to injure“ nach Möglichkeit aufgedrückt, der Unterschied beider Arten verschwand mehr und mehr, auch Section 7 wurde in das Strafgebiet der Konspirations-Schadenersatz-Klagen einbezogen und zwar mit Leichtigkeit. Um nicht in Konflikt mit ihr zu geraten, hüteten sich die Unionen wohlweislich, ein offenes, uneingeschränktes watching and besetting, persistently following, violating of rights etc. etc. auszuüben. Dieselben konnten daher seitens des Klägers nur in ihrer gemilderten Form als interference, inducing etc. (Veranlassung zu Kontraktbruch usw.) nachgewiesen werden, ja einzelne Bestimmungen der Section 7, z. B. „injuries his property, hinders or deprives him in the use of any tools, clothes or other property owned or used by such other person“ etc. (Vermögens-, Eigentumsschädigung, Hinderung im Genuß desselben, Zerstörung der Werkzeuge, Kleider usw.) gingen überhaupt völlig in den Begriffen der judge-laws über Beschränkung der Gewerbefreiheit, der Verfügung von Kapital und Arbeit usw. unter. Daher durften wir in Kapitel IV bei Betrachtung der Haftbarkeit der Gewerkvereine für unrechte Handlungen ihrer Agenten mit Recht sagen, die Unionen hafteten bis 1906 mit ihren Fonds aus Section 7. Die friedliche Haltung der Trade Unions, der geordnete Ausbau ihres benefit-systems und Fondswesens hat ihnen damals mehr Nachteile als Vorteile eingebracht. Wären sie beim Streikpostenstehen und -stellen mit Mord und Tot-

---

[1] Die Law Lords des Oberhauses sind gemeint. Memorandum of the Civil Action of Conspiracy. Royal Commission 1906 p. 20—23. Ruegg and Cohen p. 39, 47 III. Conspiracy to injure.

schlag vorgegangen, hätte man vielleicht nicht gewagt, dem Gesetz Gewalt anzutun, alle Unterschiede zu verwischen und eine Zivilklage mit Haftbarkeit zu schaffen. Die Criminal Code Commission von 1878 mit Lord Blackburn, den Justices Barry, Lush und Stephen gibt selbst zu, „daß ein gewisser Grad von Dunkelheit über diesen Gegenstand herrsche“. Die Geschichte des Konspirationsgesetzes zeigt, hauptsächlich wenn soziale Fragen vorherrschen, die Tendenz, seine Ära auszudehnen. Die Gefühle der Zeit finden, zugegeben unbewußt, ein Echo vor den Schranken der Gerichte. Die mit soviel Scharfsinn behandelte Frage, ob in Wahrheit die Tat einer Kombination von Personen dasselbe ist, als die einer einzelnen, bleibt ebenso unwichtig wie wichtig; die Hauptstärke des Gewerkvereines liegt notwendig im kollektiven Handeln und — in der Macht zu schaden. Man hatte vergessen, daß der Unternehmer in sich schon eine Kombination darstellt, daß auch er Vereinbarungen strafwürdiger Art über die Arbeitslöhne, Verlängerung der Arbeitsstunden, Unterdrückung der Arbeiterorganisationen trifft. —

In dem Eifer, der neuen Konspirationstheorie die notwendige Begründung und Anerkennung zu schaffen, vergaß und verstieß man leider gegen das eigentlich maßgebende Gesetz, die Conspiracy Act von 1875 mit ihrer Bestimmung in Section 3: „Eine Vereinbarung oder Kombination von zwei oder mehr Personen . . . . . soll nicht klagbar sein als Konspiration, wenn die Handlung, getan von einer Person, nicht strafbar . . . ist.“ Zweifellos war es z. B. vollkommen gesetzlich für A, den B zu überreden, nicht mit C einen Arbeitsvertrag zu schließen und desgleichen für B, darauf einzugehen; wenn hingegen A mit D vereinbarte, nicht für C zu arbeiten und in weiterer Folge auf ihre Veranlassung B sich ebenfalls weigerte, bei C einzutreten und dieser daraus Verluste erlitt, dann lag gegen A und D eine Konspirationsklage wegen Schädigung (to injure) vor. —

Dieser Widerspruch und Gegensatz zeigte sich so offensichtlich, daß die Jurisdiktion schleunigst Bedacht nehmen mußte, den Vorwurf der Parteilichkeit durch einleuchtende Argumente von sich abzuweisen. Da der zuerst von Stephen aufgestellte, von Erle bei Klagen wegen Beschränkung der Gewerbefreiheit als ausschlaggebend erachtete Rechtssatz: „Vereinbarungen zwischen mehr als einer Person, Ziele zu verfolgen, welche nach Ansicht des Richters der Allgemeinheit schädlich werden können, laufen auf eine strafbare Konspiration hinaus“, — auf sehr schwankendem Boden stand, griff sie weiter zurück und fand schließlich in der älteren Strafrechtsgeschichte das ihren Zwecken am besten dienende unterscheidende Merkmal in dem „boshaften Motiv“ einer Handlung. Wie bei dem judge-made-law der friedlichen Überredung mußte man auch den Bosheitsbegriff[1] zu umgrenzen suchen. Was ist boshaft, fragte es sich? Die Betonung einer „absichtlichen" Schädigung genügte nicht, denn es gibt keine Vereinbarung, „zufällig" zu schädigen, Absicht ist immer vorhanden; leichter schien daher der Beweis einer „ohne rechten Grund oder Entschuldigung" erfolgten injurierenden Handlung. Die Täuschung wurde aber auch hier bald evident. Denn im Grunde genommen war bei allen Fällen eines picketing, in allen seinen Phasen und Abzweigungen, der Gegenbeweis seitens des Angeklagten immer zu erbringen; ob der Arbeiter nach besseren Arbeitsbedingungen strebte oder der Unternehmer mit denselben Mitteln dagegen ankämpfte, lief auf ein und dasselbe hinaus, hatte beiderseitig Berechtigung und Entschuldigung. Aus dieser Überlegung heraus nahm man von einer Begrenzung des Bosheitsbegriffes überhaupt Abstand und überließ es dem Richterkollegium, den malus animus von Fall zu Fall zu beurteilen. „Bosheit" wurde so zu einem notwendigen, konstituierenden Element in einer Konspirations-Schadenersatzklage. Die obigen Begrenzungsversuche wurden zwar noch hier und da wiederholt, gewannen aber keine große Anhängerschaft, die Interpretation blieb gewagt, die Begriffe selbst liefen durcheinander. Bosheit im gewöhnlichen Sprachgebrauch, d. h. in der Bedeutung von „ill-will", Übelwollen, ist erlaubt, Bosheit in legalem Sinn, d. h., eine unrechte Handlung, getan „absichtlich" und „ohne rechten Grund oder Entschuldigung" dagegen strafbar, differenzierte Lord Bowen im Mogul Fall, wenn er daselbst sagt: „Rechter Grund kann nicht existieren, wenn die Handlung nur in der Absicht vorübergehender Schädigung ohne Beziehung zu einem gesetzlichen Gewinn oder Genuß der Rechte eines Mannes geschehen ist. Das Tribunal . . . . hat die Umstände zu analysieren, nach welcher Seite das Urteil fällt". Lord Esher weigerte sich sogar direkt, „boshaft" zu definieren; nicht mehr auf Grund geschriebenen positiven Rechtes und Gesetzes wurde entschieden, sondern mit Hilfe von Schlagwörtern und Redewendungen aus dem Gebiete der Ethik und Moral, das Recht selbst aber dadurch revolutioniert, der in Streik verflochtene Arbeiter besonderen Nachteilen ausgesetzt. Die einzige Handhabe zur Rechtfertigung einer Tat, die Geltendmachung von „Selbstinteresse", wurde durch die Gegenüberstellung eines schlechten Motives seitens des Klägers wirkungslos. In 99 von 100 Fällen fiel die Antwort der Jury zuungunsten des Arbeiters

---

[1] Vgl. die eingangs zitierten Sonderberichte der Kgl. Kommission 1906 (p. 77—81), vor allem auch die Minutes of Evidence vom selben Jahre, sowie die Urteilsbegründungen der in Cohen and Howell (Literatur vorn) gegebenen Streitfälle. Desgl. Pennant p. 37—38, Cohen and Howell, Trade Union Law and Cases p. 155—62.

aus. Sie setzte sich zusammen aus Leuten, die den Arbeitskämpfen fernstanden, die in den Streiks und in den Streikenden Zerstörer der heimatlichen Industrie und Insurgenten gegen die Autorität des Gesetzes, die nur eine Masse von wütenden Arbeitern, die klar zutage liegenden Verluste und unmittelbaren Konsequenzen sahen und als Verstoß gegen die ökonomische Theorie des Individualismus befeindeten. Das Konspirationsgesetz ist nie ein Führer durch das Arbeiterrecht gewesen, es war und blieb ein Buch mit sieben Siegeln, für den Laien wie für den Mann des Gesetzes gleicherweise unverständlich. Auch der berühmte und bereits aus dem vorangegangenen Kapitel bekannte Allen v. Flood Case mit dem epochemachenden Urteil: „eine an sich gesetzliche Handlung wird nicht durch ein schlechtes Motiv zu einer ungesetzlichen", bewies seine Unfähigkeit, mit der verwirrenden Wortspielerei aufzuräumen, als das Oberhaus in der bald darauf ergangenen Entscheidung Quinn v. Leathem zum Ausdruck brachte, daß das oben niedergelegte Prinzip seine Anwendung auf Aktionen einer Kombination versage und die Konspirationsklage unberührt lasse. Lord Halsbury äußert sich darüber, nachdem er die den Angeklagten vorgeworfenen Ungesetzlichkeiten der Reihe nach aufgezählt hat, folgendermaßen[1]: „. . . . und das alles wurde getan mit Bosheit, um den Kläger zu schädigen . . . . Wenn der Kläger für die hier nachgewiesenen Tatsachen . . . kein Remedium haben würde, so könnten wir kaum sagen, daß unsere Jurisprudenz die einer zivilisierten Gemeinschaft ist". Und weiter Lord Macnaghten: „Ein Mann kann ohne viel Schwierigkeit der unrechten Tat eines Individuums Widerstand leisten . . . . ., aber es ist etwas ganz anderes, wenn ein einziger sich gegen viele Kombinierte zu verteidigen hat . . . . „Lord Shand: „Sie (die Angeklagten) handelten durch Konspiration, nicht zwecks Förderung ihrer eigenen Interessen, sondern nur zwecks Schädigung des Klägers und seines Gewerbes. Ich bin der Meinung, daß das Gesetz solche Handlungen als ungerechtfertigt und ungesetzlich verbietet." Lord Brampton: „Lange Überlegung hat mich überzeugt, daß eine Anzahl von Handlungen und Dingen, die nicht in sich selbst klagbar oder ungesetzlich sind, wenn getan abseits einer Konspiration, möglicherweise, — innerhalb einer Konspiration aber jedenfalls beunruhigend und gefährlich werden, ebenso wie ein Körnchen Schießpulver harmlos ist, ein Pfund dagegen höchst destruktiv wirken kann . . . ." Und zuletzt Lord Lindley: „. . . . Massen können belästigen und zwingen da, wo es einem einzigen nicht möglich ist. Belästigung und Zwang durch viele kann so

[1] Vgl. Royal Commission 1906 II. Cases Referred to in the Majority Report p. 129—132. Desgl. Wright § 17.

unerträglich und klagbar werden und ein Resultat zeitigen, das einer allein nicht imstande ist, hervorzurufen." — Wahrlich eine sonderbare Urteilsbegründung, ein interessanter Einblick in die Praxis der englischen Jurisdiktion jener Zeit. Trotzdem behauptete sie 30 Jahre lang ihre Herrschaft, ehe die früher geschilderten Vorgänge eintraten und eine Änderung unumgänglich machten. In Recommendation IX des Berichtes der Königlichen Untersuchungskommission von 1906 empfiehlt diese die Aufnahme der Bestimmung: „daß eine Vereinbarung oder Kombination von zwei oder mehr Personen, eine Handlung in Erwartung oder zur Förderung eines Gewerbestreites zu begehen oder zu veranlassen, nicht Grund zu einer Zivilklage sein soll, sofern die Vereinbarung oder Kombination nicht als Konspiration klagbar ist, ungeachtet der Bestimmungen der Conspiracy and Protection of Property Act von 1875". Dieser Vorschlag hätte nun allerdings die Zivilklage für Konspiration aus Handlungen der Section 7 Conspiracy Act beseitigt, dagegen nicht für die von ihnen abgeleiteten judge-laws. Die Königliche Kommission war zwar auch für die Gesetzlichkeitserklärung der „interference in trade" unter Vorbehalt eingetreten, hatte aber ihre Absicht durch Recommendation VIII (Umgestaltung von Section 7: Handlungen, welche eine Person mit Furcht erfüllen vor Gewalttat oder Eigentumsschädigung, sind strafbar) zum größten Teil wieder annulliert, ja sich der Legalisierung des Kontraktbruches als Folge friedlicher Überredung direkt widersetzt, (unterzeichnet auch von Sidney Webb(!!) am 15. Januar 1906). Trotzdem und trotz der Opposition hervorragender Parlamentarier vertrat die Regierung ihren liberalen Standpunkt (d. h. mit Rücksicht auf die große Wahl von 1906, also unter einem Druck) bei den Debatten über die Streikaktionen in beiden Häusern bis zum Schluß der Session Mitte Dezember desselben Jahres unentwegt und erfolgreich. Sie machte die Empfehlung der Königlichen Kommission hinfällig und führte in der Trade Disputes Bill den von den Unionen gewünschten Zustand herbei und zu der infolge der Fondsschutzgesetzgebung mit bezug auf die Haftbarkeit der Gewerkvereine für Handlungen ihrer Agenten gar nicht anders faßbaren und daher jeder weiteren Interpretation erläßlichen Klausel: „Eine Handlung, getan in Verfolg einer Vereinbarung oder Kombination von zwei oder mehr Personen soll, wenn getan in Erwartung oder zur Förderung eines Gewerbestreites, nicht klagbar sein, sofern die Handlung, wenn getan ohne irgendsolche Vereinbarung oder Kombination, nicht klagbar sein würde."

Die Schrecken des Konspirationsgesetzes sind verschwunden, der Ausdruck selbst im Gesetz vermieden worden, um nicht an den Zustand vergangener Jahrhunderte zu erinnern oder

Zweifel über die wahre Absicht der Bill entstehen zu lassen. Die Zahl der judge-made-laws, welche dem Mystizismus der 1875er Akte ihre Entstehung verdankten, ist dezimiert worden, die Theorie der action of conspiracy „to commit a crime“ und „to injure“ untergegangen. All das natürlich unbeschadet der ungesetzlichen und im Wege einfacher Unrechtsklagen strafbaren Handlungen aus Section 7 und weiterhin unbeschadet des Konspirationsgesetzes über Kombinationen politischen Charakters[1].

[1] Stephen Vol. II p. 380/81. Wright § 7.

Schlufs.

Stellung und Bedeutung von arbitration und conciliation im System der englischen Gewerkvereinsgesetzgebung.

Literatur.

Allgemeine.

1. Knoop, Industrial Conciliation and Arbitration. London 1905.
2. Pigou, Principles and Methods of Industrial Peace. London 1905.
3. N. P. Gilman, Methods of Industrial Peace. Boston, New York, London 1904.
4. George L. Bolen, Getting a Living. (Chap. XXVII) Conciliation, Arbitration and Collective Bargaining. New York 1903.
5. Leonard W. Hatch, A. M. Government Industrial Arbitration (Bulletin of the Bureau of Labor). Washington 1905. September.
6. Sixth Report by the Board of Trade of Proceedings under the Conciliation (Trade Disputes) Act 1896. London 1905—07.
7. Charles Bradlaugh, Labor and Law (Chap.: Force or Conciliation in Labor Disputes). London 1891.
8. George Howell, Labour Legislation, Labour Movements a. s. o. Vol. II, Chap. XXXIX (Conciliation and Arbitration in Labour Disputes). London 1905.
9. F. R. Price, Industrial Peace, its Advantages, Methods and Difficulties. London 1887.

Einzelne Fragen.

1. Penty, The Restoration of Gild System. London 1906.

Zeitschriften und Zeitungen.

I. The Contemporary Review. London.

1. George Potter, Conciliation and Arbitration. 1870.
2. R. Spence Watson, The Peaceable Settlement of Labour Disputes. May 1890.
3. John Rae, The Growth of Industrial Peace 1892.

II. The Saturday Review. London.

1. November 12, 1892. Industrial Arbitration.
2. January 21, 1899. Organised Labour.
3. July 16, 1904. Strikes and Prosperity.

III. Labor and Capital. (Peters.) New York and London 1902.

1. Henry Codman Potter, Labor Unions and Arbitration.
2. James Cardinal Gibbons, National and Industrial Arbitation.

3. Carrol D. Wright, Objections to compulsory Arbitration.
4. John Mc Mackin, The Moral Element in Industry.
5. Conrad Reno, Industrial Courts to Administer Industrial Justice.
6. Frank P. Sargent, The Obstacle to Arbitration.

etc. etc. etc.

„A country without strikes“ lautet der Titel vieler Werke neueren Datums, welche, von Neu-Seeland ausgehend, den Siegeszug der friedlichen Beilegung aller Interessenkämpfe zwischen Arbeit und Kapital verkünden, die Eroberung der Welt durch conciliation und arbitration proklamieren[1]. Überall die Überzeugung der Besten der Nation, blickt die neue Lehre mit geringschätzigem Lächeln auf jene Hunderte von Gesetzen herab, die die Welt bisher benötigte, um nur für einige wenige Jahre eine gewisse Harmonie zwischen den feindlich sich entgegentretenden Gesellschaftsklassen zu erhalten. Und in der Tat, — schon eine flüchtige Vorstellung jener kolossalen Summen, die der Kampf zwischen Arbeiter- und Unternehmertum vernichtet, jenes namenlosen Elends, das er mit sich bringt und nach sich zieht, jener tiefen Wunden, die er der Volkswirtschaft des eigenen Landes schlägt[2], muß jeden denkenden Menschen zum Anhänger einer solchen Heilsbotschaft machen, d. h. zum Anhänger ihrer Gedanken und Ziele; schwieriger und mit weniger Einstimmigkeit zu beantworten ist die Frage ihrer Durchführbarkeit, ihrer tatsächlichen bisherigen und zukünftigen Wirksamkeit, sowie der Möglichkeit ihrer Ausdehnung. —

Auch eine Betrachtung des englischen Gewerkvereinsrechtes darf nicht schließen, ohne versucht zu haben, ein Bild von dem weiteren mutmaßlichen Verlauf der Gesetzgebung zu entwerfen. Niemand wird beim Lesen der vorangegangenen Zeilen leugnen können, was bedeutende Männer auszusprechen sich nicht gescheut haben, — daß auch das heute herrschende Gewerkvereinsrecht noch Stückwerk und weit davon entfernt ist, durch Klarheit seiner Bestimmungen das Vertrauen der Arbeiter zu erringen. Werden sie fürderhin ein Jahrhundert kämpfen, um dem Gesetzgeber Wort für Wort neue Zugeständnisse zu entlocken, oder dürfen sie hoffen, daß ihnen in der neuen Lehre ein Bundesgenosse erstanden ist, der mit einem Federstrich den gewerblichen Frieden herstellt, Streik, Boykott in allen Phasen aus dem Wortschatze des Arbeiterrechtes auslöscht? — Das mit wenigen Worten zu beantworten, bilde den Schluß des vorliegenden Themas. —

---

[1] Royal Commission 1894, Appendix V.

[2] 1894 standen 70 000 schottische Bergleute nicht weniger als rund 5 600 000 durchschnittliche Arbeitstage im Streik, 1895 die Stiefel- und Schuhmacher 1 564 000, 1897/98 47 500 Maschinenbauer fast 6 850 000 Tage.

[1] Schon in den Jahren 1603 und 1701 waren die ersten Gesetze über arbitration erschienen, denen sich im Verlaufe des 18. Jahrhunderts zwei weitere anschließen sollten. Hatte man bisher den Friedensrichter als den bestgeeigneten Schiedsmann betrachtet, so trat zu Anfang des 19. Jahrhunderts unter dem Einfluß der industriellen Revolten in der Baumwollindustrie eine Änderung des Systems ein, indem man Vertreter der Arbeitgeber und -nehmer bei der Konstituierung eines Schiedsgerichtes heranzog. Trotz der immerhin noch beträchtlichen Befugnisse des Friedensrichters und trotz der gesetzlichen Erzwingbarkeit des Spruches war diese Neuerung von so wohltätiger Wirkung und von so überraschenden Erfolgen begleitet, daß eine Königliche Kommission Konsolidierung und Ausdehnung der Gesetze auf alle Gewerbe anempfahl. Das Ergebnis der Untersuchung brachte die Consolidation Act von 1824, welche weit hinter den Empfehlungen der Kommission zurückblieb, im wesentlichen nur eine Zusammenfassung der für die Baumwollindustrie geltenden Gesetze bedeutete und nur wenige Streitpunkte umfaßte. 1837/45 erweitert und bis 1896 in Kraft, wurde die Akte völlig illusorisch gemacht durch die Abneigung der Parteien, zwecks Wahl des Schiedsrichters sich an einen öffentlichen Beamten zu wenden und sich Einigungsverhandlungen zu unterwerfen, die fast den Charakter eines gerichtlichen Verfahrens trugen; vor allem aber durch die Bestimmung, daß die schiedsrichterliche Entscheidung nicht die künftige Lohnhöhe, Arbeitsstunden und Arbeitsbedingungen affizieren dürfe. Der Konsolidationsversuch, sowie die schematische Anwendung eines auf bestimmte Distrikte beschränkten und einem speziellen Industriezweige angepaßten Gesetzes auf alle Gewerbe und Orte des Landes mußte bei Verkennung dieser Eigenart der älteren Gesetzgebung, aus der sich ihr Erfolg allein herschrieb, notwendig scheitern. Auch die in der Folge erlassenen Amendierungen blieben ein toter Buchstabe, bis 1867 St. Leonard's Act in den privaten, freiwillig von Arbeitgeber und -nehmer eingerichteten, mit allen Machtbefugnissen der Konsolidation [und früherer Akte ausgestatteten Councils für arbitration und conciliation] das Problem zu erfassen suchte. Mängel in bezug auf den legalen Charakter des Verfahrens, Wagheit und Starrheit der Bestimmungen, zu wenig Berücksichtigung der Trade Unions Organisationen und ihrer Tendenzen standen aber auch hier einem erfolgreichen Wirken entgegen, so daß endlich 1871/72 der dritte Gewerkvereinskongreß die Sache selbst in die Hand nahm und das Parlamentarische Komitee unter der umsichtigen Leitung Mundellas mit der Ausarbeitung einer Bill beauftragte, die 1872 Gesetz wurde, ohne irgendwelches

[1] Vgl. George Howell, Labour Legislation a. s. a. Chap. XXXIX p. 432—446.

Interesse seitens des Parlamentes angeregt zu haben. Prinzip war die kontraktliche Verpflichtung der Parteien, sich dem Schiedsspruch zu unterwerfen, eine Idee, welche man dem privaten Arbitrationssystem in den Baugewerben von Wolverhampton abgelauscht hatte, und die dem schöpferischen Geiste Rupert Kettles entsprungen war. Leider hatte man nicht an den Widerstand der Parteien gedacht, solche Verträge überhaupt erst zu schließen und weiterhin ihre Erfüllung durchzusetzen. Denn einen Zwang dazu kannte das Gesetz nicht, sondern stellte es den Interessenten in sehr zuvorkommender Weise anheim, „sie möchten solche Kontrakte machen, wenn sie disponiert wären." Denken wir ferner an die Schwierigkeiten, welche den Trade Unions bei Abschluß eines Vertrages aus Section 4 des Gewerkvereinsgesetzes von 1871 erwuchsen, so dürfte der Mißerfolg nicht überraschen. Außerdem hatte man vergessen, die Consolidation Act von 1824 zu widerrufen, so daß also zwei Gesetze mit entgegengesetzten Bestimmungen in Kraft waren[1].

Besser als Regierung und Gewerkvereinsführer, welche glaubten, in diesem Punkte mit ihr Hand in Hand gehen zu müssen, hatten die Arbeiter der einzelnen Industriezweige selbst das Problem gelöst und sich diejenigen Einrichtungen geschaffen, die den besonderen Verhältnissen ihres Gewerbes genügend Rechnung trugen und ihren Bestrebungen am dienlichsten erschienen. Schon um 1800 waren sogenannte „joint boards" in verschiedenen Teilen des Landes aufgekommen, ohne jedoch mehr als lokales Interesse zu erringen, bis die Gewerkvereinskongresse den Gesetzgeber auf die Wichtigkeit dieser Institutionen hinwiesen. Nach den mißlungenen Versuchen Sir John Lubbocks[2] und Mundellas in den Jahren 1893/94 und der sich daran anschließenden Veröffentlichung des Final Report der Königlichen Kommission, welche sich der Investierung freiwilliger Boards mit legalen Machtbefugnissen widersetzte, dagegen die schnelle und allgemeine Einrichtung von trade und district boards anempfahl, war der Boden für die in Aussicht genommene Conciliation Act vorbereitet. 1896 erhielt sie die königliche Genehmigung. Jeder private Conciliation oder Arbitration Board kann vom Trade Board registriert werden. Besondere Rechte werden durch die Registration nicht übertragen, sie dient lediglich zur

---

[1] Vgl. auch Webb, Theorie and Praxis. Bd. I, Kap. III, Teil II.

[2] Lubbock's Act verlangt Registration des Board und überträgt dem Schiedsrichter damit das Recht, die Zeugenaussagen unter Eid zu stellen. Das Urteil ist gesetzlich erzwingbar, wenn die Parteien die Beilegung ihres Streites im Wege der Conciliation oder Arbitration schriftlich anerkannt haben. Auch die Deponierung einer Geldsumme als Gewähr für die Ausführung und Aufrechterhaltung des Schiedsspruches wird in Vorschlag gebracnt (vgl. die Akte clause 12—13).

besseren Information des Trade Board über die Wirksamkeit der neugeschaffenen Institutionen. Scheinen in irgendeinem Distrikt oder Gewerbe die Bedingungen zu fehlen, um ausbrechende Streitigkeiten solch einem Conciliation Board zu unterwerfen, so ist es Sache des Trade Board, eine oder mehrere Personen zur Untersuchung der Verhältnisse zu ernennen und mit den Parteien über die Errichtung eines Board zu verhandeln. Bei drohenden Differenzen zwischen Arbeiter und Unternehmer soll der Trade Board ihre Ursachen und näheren Umstände prüfen, sowie die erforderlichen Maßnahmen treffen, eine Einigung der Parteien zu erzielen oder mit Genehmigung beider einen Schiedsrichter zu ernennen. — Soweit die bemerkenswertesten Bestimmungen der Akte[1]. Nachstehende Tabelle (S. 126/127) mag Aufschluß über ihre Wirksamkeit geben.

Wir müssen es uns versagen, auf interessante Einzelheiten und Streitpunkte einzugehen, die deutlich genug aus den Zahlen reden; nur eine, für unsere spezielle Fragestellung bedeutsame Lehre soll daraus gezogen werden, und das ist die Abneigung, der Widerstand der Gewerkvereine gegen jedwedes Zwangsschiedsverfahren, ja jede Einmischung des Gesetzgebers in die Methode der friedlichen Beilegung von Arbeitsstreitigkeiten. Stehen auch manche, d. h. die schwächeren und schwächsten Unionen, ihm weniger feindlich gegenüber, um sich mit Hilfe des Gesetzes alle die Vorteile und die Macht zu verschaffen, welche die starken durch eigene Kraft errungen haben und erringen können, so ist doch das Prinzip schon mit den Tendenzen des Trade Unionismus unvereinbar. „Es sind zwei Dinge," sagt Knoop, „die ein und dasselbe durch verschiedene Methoden erreichen wollen. Das eine beruht auf und hängt ab von der Macht und Autorität des Staates, das andere von dem Einfluß, den sich eine begrenzte Zahl von gemeinsam handelnden Personen erworben hat. Der erstere hat die Tendenz, alle Freiheit des Handelns

---

[1] Man unterscheidet vier Arten der friedlichen Beilegung gewerblicher Streitigkeiten, welche allerdings nicht immer leicht auseinanderzuhalten sind (nach Knoop, vgl. vorn die Literaturangabe).

1. Arbitration: = die autoritative Entscheidung eines Streitpunktes, über den die Parteien sich nicht einigen können, durch eine oder mehrere, außerhalb der Parteien stehende Personen.

2. Conciliation: = die Diskussion und Beilegung einer Streitfrage zwischen den Parteien selbst oder ihren Vertretern, welche aktuell daran interessiert sind.

3. Mediation: = die Intervention eines Außenstehenden (Person oder Körper) in der Absicht, die Streitparteien zu Ausgleichs-, Vermittelungskonferenzen zusammenzubringen.

4. Collective Bargaining: = der Prozeß, durch welchen die Grundsätze des Arbeiterkontraktes im Wege direkter Verhandlungen zwischen Arbeitgeber- und -nehmerverbänden fest bestimmt werden.

Vgl. auch Bulletin of the Department of Labor.

Statistik der Streiks und Aussperrungen

	1893	1894
1. Zahl und Größe der Streiks und Aussperrungen:		
a) Zahl der berichteten Streiks und Aussperrungen . . .	615	929
b) Zahl der dadurch betroffenen Arbeiter.	634 301	325 248
c) Gesamtdauer in Arbeitstagen	30 468 000	9 529 000
d) Durchschnittliche Dauer pro Kopf der veranschlagten Arbeiterbevölkerung (in Arbeitstagen)	3,8	1,2
2. Hauptsächliche Ursachen:		
Prozentsatz der direkt durch Streiks und Aussperrungen betroffenen Arbeiter, verursacht aus folgenden Gründen:		
a) Löhne — für Erhöhung	29,5	41,2
a) Löhne — gegen Reduktion	59,6	29,5
a) Löhne — andere	1,7	7,6
Total:	90,8	78,3
b) Arbeitsstunden — für Herabsetzung	0,1	0,9
b) Arbeitsstunden — gegen Erhöhung	0,2	0,3
b) Arbeitsstunden — andere	0,4	0.5
Total:	0,7	1.7
c) Wegen Beschäftigung besonderer Klassen od. Personen	1,5	7,0
d) Andere Gründe	7,0	13,0
Total:	100,0	100,0
3. Resultate:		
Prozentsatz der direkt von Streiks und Aussperrungen betroffenen Arbeiter, welche endeten:		
a) Zugunsten der Arbeitgeber	26,5	59,1
b) Zugunsten der Arbeiter	64,3	21,0
c) Mit einem Kompromiß	9,2	18,9
4. Methoden der Beilegung:		
a) Zahl der beigelegten Streiks und Aussperrungen durch:		
α) Schiedsspruch	18	27
β) Vermittlung	14	25
γ) Gegenseitigen Ausgleich	445	606
δ) Andere Art	138	271
b) Zahl der von den beigelegten Streiks und Aussperrungen betroffenen Arbeiter bei:		
α) Schiedsspruch	10 235	3 595
β) Vermittlung.	320 951	18 878
γ) Ausgleich	189 643	231 437
δ) Auf andere Art.	113 454	71 338
5. Zahl der unter der Conciliationakte beigelegten Fälle:		
a) Streitigkeiten mit Arbeitseinstellung	—	—
b) Streitigkeiten ohne Arbeitseinstellung	—	—
Total:	—	—

[1] Vgl. Returns of the Labour Department, Board of Trade.

im **Vereinigten Königreiche von 1893—1902.**

1895	1896	1897	1898	1899	1900	1901	1902
745	926	864	711	719	648	642	442
263 123	198 190	230 267	253 907	180 217	188 538	179 546	256 667
5 725 000	3 746 000	10 346 000	15 289 000	2 516 000	3 153 000	4 142 000	3 479 000
0,7	0,5	1,2	1,8	0,3	0,4	0,5	0,4
34,3	39,3	29,9	75,6	53,4	42,4	17,8	13,0
10,7	7,1	4,9	5,3	5,0	5,5	13,3	22,3
11,6	18,5	9,3	7,0	10,2	13,5	21,7	13,3
56,6	64,9	44,1	87,9	68,6	61,4	52,8	48,6
1,0	1,0	22,9	0,2	0,8	0,4	1,3	0,2
1,1	0,2	0,1	0,1	0,1	0.0	0,3	0,0
0,6	0,4	0,4	0,1	0,9	0,1	2,2	2,4
2,7	1,6	23,4	0,4	2,8	0,5	3,8	2,6
5,7	15,4	8,9	4,6	5,9	7,7	9,4	9,8
35,0	18,1	23,6	7,1	22,7	30,4	34,0	39,0
100,0	100,0	100,0	100,0	100,0	100,0	100,0	100,0
29,8	28,0	40,7	60,1	43,7	24,8	33,8	30,4
23,6	43,5	24,2	22,6	26,7	30,1	27,4	31,6
45,7	28,3	34,0	17,2	29,1	41,7	36,8	35,7
24	19	14	13	16	19	23	16
19	30	27	30	22	13	18	13
496	633	624	495	562	487	456	316
206	244	199	173	119	129	145	97
13 248	10 276	9 756	3 350	3 319	7 118	8 349	4 481
68 394	10 472	9 544	16 167	8 386	8 593	8 465	7 129
125 578	136 307	187 048	206 926	156 743	155 025	143 470	222 547
55 903	41 135	23 919	27 464	11 769	17 802	19 262	22 510
—	4	12	6	3	4	12	7
—	2	8	3	5	6	12	10
—	6	20	9	8	10	24	17

zu beseitigen, welche die letzteren kämpfend gewinnen wollen." Den Beweis für diese Behauptung erbrachte die „Compulsory-Arbitration Resolution" des Trade Unions Kongresses von 1903 mit 251 000 Stimmen für und 899 000 gegen die Errichtung von Zwangsschiedsgerichten. Selbst die arbitration an sich, d. h. die nicht mit Zwang verbundene, hat bisher und wird sich nie das Vertrauen der Arbeiter in dem Maße erringen, als die conciliation, da unüberwindliche Hindernisse, wenn auch stets dieselben, sich einer gedeihlichen, Erfolg verheißenden Entwicklung und Ausbildung der Methode entgegenstellen[1]. Erinnert sei nur an die Schwierigkeiten bei der Wahl eines geeigneten Schiedsrichters. Stand er bisher ganz abseits von der industriellen Welt, so mangelt es ihm an dem nötigen Verständnis für die Beschwerden der Parteien, ist es ferner zu kostspielig und zeitraubend, ihn mit der Materie erst vertraut zu machen. Stand er mitten in ihr, kann auch der beste Charakter, der stärkste Gerechtigkeitssinn den Argwohn der Parteilichkeit bei dem Unterlegenen nicht völlig zerstreuen. Ja, in schwerwiegenden Fragen mit weitgehenden Folgen, z. B. über Löhne und Arbeitsstunden, werden beide Parteien von vornherein wenig geneigt sein, die Entscheidung einer einzigen Person, der sogenannten "one-man-arbitration" zu übertragen; auch die relative Macht der Parteien ist ein Element, das nie außer Rechnung gelassen werden darf, daher denn gerade die mächtigsten Gewerkvereine sich als Gegner dieses Systems erweisen. Doch immerhin, von solchen Unzulänglichkeiten abgesehen, bleibt im letzten Grunde ausschlaggebend die Exekution des Schiedsspruches. Denn wir dürfen nicht vergessen, die Verantwortlichkeit für seine Realisierung ist lediglich eine moralische, meist eine der öffentlichen Meinung unterworfene. Und selbst wenn der moralische Erziehungsprozeß der Arbeiter zu jenem Verantwortlichkeitsgefühl geführt hätte, wäre nicht viel erreicht, solange die uns bereits bekannte section 4 der Gewerkvereinsakte von 1871 die Erleichterung und Versuchung zu Kontraktbruch nicht beseitigt.

Solcherlei Bedenken waren 1894 der Königl. Kommission[2] ebenfalls gekommen. Sie bedauerte die Unfähigkeit der großen Arbeitervereine, mangels wirklichen Korporationscharakters gesetzlich bindende Verträge zur Erzwingung des Schiedsspruches zu schließen und Schadenersatzklagen wegen Kontraktbruch gegen die vertragbrechende Partei zu erheben. Hat sich auch manches in der gesetzlichen Stellung oder besser gesagt, in der Anschauung über die rechtliche Lage der Trade-Unions geändert, so sind trotzdem die vorhin erhobenen Einwände und Be-

[1] Royal Commission 1894 p. 115—20, 145—47, 163—65, 167—77.
[2] Chap. p. 48—59.

denken auch heute noch maßgebend. Denn wir müssen berücksichtigen, daß es sich überwiegend nur um Verträge zwischen Arbeitgeber- und -nehmerverbänden handelt und letztere in den Rahmen der Trade-Union Definition fallen, also der Wirksamkeit von Section 4 weiterhin ausgesetzt sind. Gewiß ist zuzugeben und nicht zu bezweifeln, daß die Macht vieler Gewerkvereine über ihre Mitglieder, zumal wenn sie einen bestimmten Gewerbezweig monopolisiert haben, sich oft als ebenso wirksam und ausreichend erweist, einen Vertrag ihrer Repräsentanten zu erfüllen, wie gesetzlicher Zwang; zu großen Hoffnungen berechtigt dieser Umstand jedoch keineswegs. Denn eigentlich maßgebender Politiker bleibt die Mitgliedergesamtheit, die sich keinen Augenblick besinnen wird, auch gegen die Abmachungen ihrer repräsentativen Organe zu handeln und in weiterer Folge deren Kompetenz einzuschränken. All diese Übelstände, dazu die erst teilweise überwundene Abneigung vieler Arbeitgeber, mit den Trade-Union Beamten, also Personen, die, wenn auch meist intelligente, geschickte und erfahrene Männer, nicht direkt in ihrem Lohn stehen, über die Arbeitsbedingungen ihrer Arbeiter zu verhandeln, die Unmöglichkeit, einen Gewerkverein bei etwaigem Bruch eines Schiedsspruches regreßpflichtig zu machen oder überhaupt zu verklagen, erschweren die Förderung eines friedlichen Ausgleiches auftauchender Streitigkeiten, will der Arbeitgeber das Risiko nicht allein tragen.

Diesen Gefahren ist auch die 1898 von der Federated Association of Boot and Shoe Manufacturers und National Union of Boot and Shoe Operatives (Leicester) ins Leben gerufene Einrichtung einer Schiedsspruchversicherung ausgesetzt, obwohl sie bisher segensreich gewirkt hat und für viele andere Gewerbe vorbildlich geworden ist. Ein Komitee aus je vier Vertretern beider Parteien und ein sogenannter Trust-Fonds, bei dem jede 1000 £ zu deponieren hat, die bei Kontraktbruch ganz oder teilweise verwirkt und sofort erneuert werden sollen, dienen diesem Zweck und damit gleichzeitig dem allgemeinen, die Tendenz zu conciliation und arbitration, die Achtung vor der Macht und den Kampfmitteln des Gegners zu stärken. Denn der vielfach ausgesprochene Trost, die Beamten der Gewerkvereine seien derart von der auf ihnen lastenden Verantwortlichkeit und von der Heiligkeit eines Kontraktes durchdrungen, um ihn sogar gegen den Willen der Mitglieder, gegen Konstitution und Satzungen des Vereins durchzusetzen, ist sehr schwach und höchst optimistisch; jedenfalls dürften solche Beamten damit ihren ersten und letzten Trumpf ausgespielt haben[1]. Auch die Schiedsspruchversicherung steht nur so lange auf sicherem Untergrunde,

[1] John Mitchell, Recognition of the Trade Unions p. 140—47.

als der Schiedsspruch selbst im Laufe der Jahre beiden Parteien ein ungefähr gleiches Maß von Recht und Unrecht in ihren Forderungen und Klagen gebracht hat, so lange Fragen von mehr oder weniger Gewicht zur Entscheidung kommen; stehen Lebensfragen des Arbeiters, wie Löhne und Arbeitsstunden, auf dem Spiel, so zieht er lieber hinaus in den Kampf, unbeachtet aller pekuniären Verluste, als daß er dem Gegner freiwillig nachgibt. Dieses zähe und nie zu überwindende Bestreben der Arbeiter, am Recht auf Streik als ultima ratio festzuhalten, ist es ja gerade, was die „compulsory arbitration“ [1] zu ihrem ärgsten Feinde macht, die sie hassen und die zu hassen sie, die Unierten, berechtigt sind. Denn der Untergang des Trade-Unionismus wäre damit besiegelt; ihres eigentlichen Charakters als Kampforganisationen beraubt, würden sie zu Friendly Societies degradiert werden, um allmählich in ohnmächtigem Kampf gegen Regierung und Kapital, d. h. in vergeblichen Versuchen, die Fesseln durch Kontraktbruch von sich abzustreifen, der Grundlagen ihrer Kraft, ihres Vermögens beraubt zu werden und in sich selbst zusammenzusinken, nachdem ein „Recht der Gewerkvereine“ schon lange aufgehört hat zu existieren.

Was hat man da nicht schon alles vorgeschlagen, um einen Mittelweg zu finden. Die Königliche Kommission von 1894 [2] stellt sogar für widerstrebende, ungehorsame, d. h. in diesem Falle, gegen die Erfüllung eines Kontraktes protestierende Unionisten eine Strafskala auf, welche mit ihren Strafbestimmungen wie: „Entlassung durch den Arbeitgeber, Wiederbesetzung der Stelle mit Hilfe der Union, Weigerung eines jeden Arbeitgebers, den Ausgestoßenen zu beschäftigen“ etc., ihre vollkommene Verkennung der Probleme und Streitfragen des Trade-Unionismus beweist. Durchführbar wäre das System, wie der Report richtig bemerkt, zudem nur bei einer Monopolisierung der Gewerbe. So lange der Unionsmann noch anderswo ein Feld seiner Tätigkeit findet, ohne in seiner Handelsfreiheit, welche die Königliche Kommission an anderer Stelle nicht von einer Fliege stören lassen möchte, gefesselt zu werden, wird er sich jenem nominellen Gebilde, das den Namen Gewerkverein dann zu Unrecht tragen würde, nicht unterordnen. Der Eintritt obiger Vorbedingung ist indessen kaum zu erwarten. Die englische Unionsbildung unserer Tage geht eher auf alles andere hinaus, als auf Monopolisierung der Gewerbe. Zwar sucht man das teilweise zu widerlegen, die angeführten Beispiele sind aber nicht beweiskräftig, sie zeigen zwar das Monopol, aber nicht im geringsten die allgemeine Tendenz aller Gewerbe dazu. Die Vereine der ungelernten

---

[1] Frank P. Sargent, The Obstacle to Arbitration p. 299—304.
[2] Chap. IV p. 49—58.

Arbeiter haben auch noch ein Wort mitzureden, wenngleich sie wegen der geringeren Interessengemeinschaft ihrer Mitglieder, sowie geringen Entwicklung des benefit system, mehr denn die Alten Unionen bereit sind, Versuche mit allen möglichen Methoden der conciliation und arbitration zu machen. Die Geschichte der Durham Miner's Association, ein Muster der Gewerkvereinsbildung in hoher Vollkommenheit nach jeder Richtung, ein Verein, der kaum wie ein zweiter alle Vorbedingungen und Einrichtungen zur friedlichen Beilegung von Streitigkeiten erfüllt und besitzt, beweist, daß es doch noch Fragen gibt, die kein Schiedsrichter der Welt zu lösen imstande ist, weil es Machtfragen sind, die mit elementarer Gewalt nur durch Streik ihre Lösung finden. „Es ist unser Bestreben", sagt Samuel Gompers, „Streiks zu vermeiden, aber ich bin fest davon überzeugt, daß der Tag niemals kommen wird, wo die Arbeiter . . . ihre Männlichkeit und Unabhängigkeit so völlig verloren haben, um ihr Recht auf Streik aufzugeben . . . Wir versuchen, Streiks zu verhindern, aber wir erkennen an, daß das beste Mittel, ihnen vorzubeugen, darin besteht, besser für sie vorbereitet zu sein . . . Das Recht, die Arbeit jederzeit einzustellen . . ., ist der konkrete Ausdruck individueller Freiheit . . . Jede Beschränkung dieses Rechtes durch irgendein Gesetz oder gesetzlich erzwingbaren Kontrakt ist in Wirklichkeit eine Negation dieser Freiheit und Rückkehr zur Leibeigenschaft" [1]. Soweit der Amerikaner; mögen seine Worte den englischen Arbeiter stets hinweisen auf den unerschütterlichen Lehrsatz:

— Gewerkvereinsrecht ist Streikrecht. —

[1] Vgl. From the Address of S. Gompers before the Arbitration Conference, held at Chicago, III, December 17, 1900, under the Auspices of the National Civic Federation (Published by the American Federation of Labor). Labor and Capital p. 451.